FACILE!

MODELER
LE PAPIER MÂCHÉ

ÉLISE BAUTISTA MAILLET

AKA *les lovers*

Créapassions

Janvier
L M M J V S D
ALMANACH

INTRODUCTION

Hello, je suis Élise, entrepreneuse créative, slasheuse de 35 ans, femme passionnée aux multiples casquettes, ADN créatif à 100 %, j'aime la couleur nude, les paillettes et le doré.

Je commence ma carrière de mannequin à l'âge de 14 ans et la poursuis durant dix années. À la suite d'un BTS communication des entreprises et d'une formation de styliste florale, je lance mon agence événementielle Even You @evenyouevents.

Mariée, maman de deux garçons de 7 et 11 ans, je jongle entre ma marque Les Lovers @lesloversdeco, mon agence, mon job en quart-temps à un poste de responsable en communication dans une société du BTP et Smile @conceptstoresmile, mes pop-ups éphémères de créateurs.

Cannoise de cœur et expatrié au Luxembourg, je suis un vrai couteau suisse du DIY.

Je déteste la routine et j'aime m'évader grâce à la création. Animer des ateliers créatifs, c'est provoquer la joie, transmettre et partager.

Je ne crois pas au hasard : « Toujours suivre son destin ; nous sommes capables de provoquer les choses ! Quand on veut, on peut ! »

Mes amies disent de moi que je suis une femme de grande bienveillance et que derrière mon sourire ravageur et ma joie de vivre à toute épreuve, il y a un parcours de vie atypique et un vrai altruisme.

Pourquoi ce livre ?
Le papier mâché, un sujet « vintage » réservé à la confection de marionnettes ? C'est l'image que l'on a de cette technique, que j'ai souhaité dépoussiérer.

Eh bien oui, le papier mâché, c'est moderne ! C'est même tendance et à la mode.
Alors un matin, je me suis réveillée avec cette idée en tête d'interpréter cette technique pour vous proposer des objets et accessoires modernes à base de papier.

L'idée ne m'a pas lâchée et, en deux temps trois mouvements, j'avais listé des projets.
J'étais tellement impatiente de pouvoir les mettre en forme.
Maintenant, les voici entre vos mains.
À vous de jouer !

Élise

SOMMAIRE

SOMMAIRE

Chapitre 1
Pour bien commencer

LE PAPIER MÂCHÉ, QU'EST-CE QUE C'EST ?

Le papier mâché est un matériau de construction composé de plusieurs bandelettes de papier assemblées les unes aux autres avec de la colle humide type colle à papier peint sur un support. Lorsque la colle sèche, l'objet ainsi formé durcit, devient très résistant et garde la forme donnée. Il était aussi appelé communément « carton-pâte »[1].

Le papier mâché a pour avantages d'être facile à utiliser et d'être très résistant après séchage. Il demande peu de matériel et permet de recycler la matière : toutes sortes de papiers (journal, papier de soie, magazine, etc.), le carton, les boîtes d'œufs peuvent être utilisés pour réaliser un objet en papier mâché.

Le seul inconvénient de cette technique est son temps de séchage qui est long : environ 24 heures. Vous devrez donc parfois attendre ce laps de temps entre deux actions au milieu d'un projet. Une fois sec, il reste tout de même très facile à customiser ou à peindre.

C'est donc une technique simple qui requiert beaucoup de patience.

[1]*Source : Wikipédia*

LES ORIGINES DU PAPIER MÂCHÉ

L'une des premières utilisations du papier mâché est apparue en Chine au IIe siècle, pour la confection de casques de guerre, laqués afin de les renforcer. Et c'est au fil des siècles suivants que cette méthode de papier laqué a fait son chemin, tout d'abord en Orient, puis au cours des conquêtes et des échanges commerciaux. On la retrouve en Perse, dans les pays arabes, et enfin dans les pays occidentaux où elle est perfectionnée.

Le papier mâché a été projeté sur le devant de la scène en Angleterre grâce au brevet déposé par Henry Clay en 1772. Des feuilles de papier de style buvard étaient collées les unes sur les autres pour obtenir de solides panneaux appelés *paper ware*. Par la suite, le terme français « papier mâché » s'est généralisé pour le désigner.

Une anecdote m'a toujours amusée : selon la légende, on prête le nom de « papier mâché » au fait que des femmes étaient employées à mâchonner des restes de papier pour le réduire en pulpe. Il n'en est rien ! L'expression « papier mâché » vient du verbe « mâcher », qui signifie « couper sans faire une section nette », c'est-à-dire déchirer.

L'appellation « papier mâché » est donnée à trois procédés différents :
- la confection de pâte à papier que l'on peut ensuite mouler ;
- le collage de bandes de papier déchirées sur un support ;
- le collage de feuilles en épaisseur pressées dans des moules.

Dans ce livre, vous retrouverez son usage dans les deux premières applications.

L'apogée de cette technique de construction de la matière a connu de belles heures de gloire aux XVIIIe et XIXe siècles.

Son application est très répandue dans l'univers de la médecine par les anatomistes et les chirurgiens qui en font des membres artificiels. Mais aussi dans bien d'autres métiers, chez les opticiens, les cordonniers, les chapeliers et bien d'autres…

On en fait même des meubles de luxe.

Naît aussi ce que l'on appelle les « petits métiers » du carton-pâte (l'autre appellation plus commune du papier mâché). Des hommes et des femmes se transforment en artistes. Ils créent avec du papier de récupération et de la farine un vrai commerce qui n'exige ni capitaux, ni matériel important. On voit fleurir des vendeurs de rue qui proposent des figurines peintes à la main et tentent de gagner un peu d'argent en vendant leur « art » dans les quartiers populaires de Paris.

Figurine en papier mâché, vers 1910
@Boissinot Tailliez

LES APPLICATIONS DU PAPIER MÂCHÉ DANS L'ART

Les artistes célèbres ayant travaillé le papier mâché sont nombreux. Chacun dans son univers s'est approprié cette technique fascinante.

Voici des exemples stupéfiants de son utilisation dans l'art.

Jean Dubuffet, théoricien de l'art et fondateur du mouvement Art brut, expérimente la technique du papier mâché en 1960 en réalisant de petites sculptures colorées à l'encre, puis des œuvres monumentales.

La poupée grandeur nature de **Hans Bellmer** réalisée en 1935-1936, façonnée de bois peint, papier mâché collé et peint, cheveux, chaussures, chaussettes, est stupéfiante de réalisme. Vous pouvez l'admirer au centre Georges-Pompidou.

La femme artiste la plus connue pour son travail remarquable en papier mâché, avec ses « nanas », femmes aux rondeurs généreuses, est bien sûr **Niki de Saint Phalle**. Elle aimait investir le paysage urbain de sa palette colorée et de ses sculptures volumineuses représentant des femmes gaies, libérées et fières et ainsi faire passer ses propres messages féministes à travers des œuvres engagées.

Niki de Saint Phalle, *Nanas,* Hanover, Allemagne. © jordi2r - stock.adobe.com

Créoles
Amsterdam

LE MATÉRIEL DE BASE

Pour débuter, je vous conseille de vous équiper d'un kit de travail avec des ustensiles simples que vous consacrerez à la pratique du papier mâché.

LE KIT À PAPIER MÂCHÉ POUR DÉBUTANT

Les ustensiles nécessaires :

1. un grand saladier ;
2. un pistolet à colle.
3. une règle
4. un crayon à papier ;
5. un cutter
6. une cuillère à soupe ;
7. des sachets hermétiques ;
8. une grande boîte hermétique (type Tupperware.) ;
9. un torchon ;
10. des cure-dents ;
11. du ruban adhésif ;
12. du ruban adhésif de peinture ;
13. un mixeur à main ;
14. un fouet ;
15. un pinceau plat ;
16. du fil de fer fin
17. une paire de ciseaux ;
18. une pince plate ;
19. une pince coupante.

Les 3 supports indispensables :

- un tamis ;
- du grillage à poule ;
- des ballons de baudruche.

Les ingrédients de base à toujours avoir chez soi pour faire du papier mâché :

- de l'eau ;
- de la farine ;
- du bicarbonate alimentaire.

Pensez aussi à conserver les journaux, les magazines et les boîtes d'œufs au lieu de les jeter.

1
2
3
4
5
6
7
8
9
10
11
12
13
14
15
16
17
18
19

LES DIFFÉRENTES TECHNIQUES ET SUPPORTS POUR RÉALISER DES OBJETS EN PAPIER MÂCHÉ

Pour réaliser du papier mâché, il existe différentes techniques.

Dans ce livre, vous allez en utiliser deux :

- la confection de pâte à papier ;
- le collage de bandes de papier déchirées.

Ces techniques peuvent ensuite être appliquées sur différents supports comme :

- des ballons de baudruche ;
- du grillage à poule ;
- un tamis ;
- des supports libres.

Pour la première technique, la réalisation de pâte à papier peut se faire selon différentes recettes plus ou moins chimiques en fonction des ingrédients utilisés. Celle que je vous propose dans le livre reste la plus simple et la moins coûteuse. C'est aussi la plus écologique.

Je vous apprendrai donc à réaliser de la pâte à papier en recyclant des boîtes d'œufs ou avec du papier toilette (voir p. 23 et p. 27).

Pour la seconde technique, le collage de bandes de papier demande, elle aussi, de recycler de vieux journaux, magazines ou autres papiers en tout genre. Pour cette utilisation, il faut donc fabriquer de la colle à papier afin de lier les bandes de papier entre elles et les coller sur le support. Pour cela, vous utiliserez la recette magique de la colle écologique à base de farine (voir p. 31).

Vous l'aurez compris, le papier mâché est dans l'air du temps, il se veut économique, respectueux de l'environnement, puisqu'il utilise des matériaux de recyclage et, surtout, vous le verrez, il est à la portée de tous.

24 Météo
Luxembourg et Grande Région
BELGIQUE
ALLEMAGNE
Europe
MERCREDI 4 AOÛT 2021 / LESSENTIEL.LU
HIER, AUJOURD'HUI ET DEMAIN !
People 19
En quête de leur petit nid d'amour
Vite lu
Hello s'en est allé
La copie conforme de Scarlett Johansson

home
SEXPERTE
Timidité et sexualité épanouie... Compatibles ?
PSYCHO AU TRAVAIL
Pourquoi je perds mes moyens lorsque je dois prendre la parole en public ?

Météo
MATIN
11°

CAHIER TECHNIQUE PAPIER MÂCHÉ

RECETTE DE LA PÂTE À PAPIER MÂCHÉ À BASE DE BOÎTES D'ŒUFS

QUANTITÉ POUR 1 PROJET

Ingrédients

- 2 boîtes de 6 œufs chacune
- 1 litre d'eau

Ustensiles

- 1 grand saladier d'une contenance minimale d'1 litre
- 1 cuillère à soupe
- 1 mixeur à main

1. Versez l'eau dans le saladier.

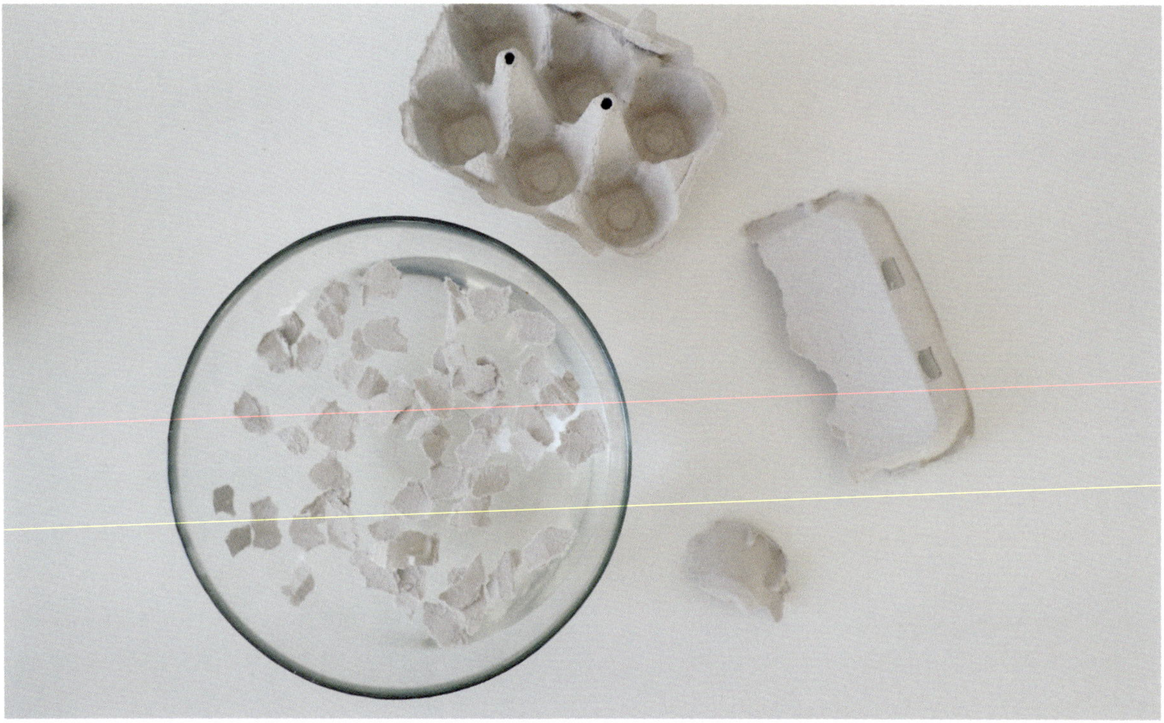

2. Émiettez les 2 boîtes d'œufs dans le saladier : déchirez-les en petits morceaux d'1 cm environ. Remuez avec la cuillère à soupe afin que tous les morceaux des boîtes d'œufs soient bien immergés dans l'eau. Laissez reposer 24 heures afin que les morceaux s'imbibent complètement d'eau.

3. Mixez avec le mixeur à main jusqu'à obtenir une pâte homogène. Retirez le surplus d'eau éventuel du saladier.

4. Mélangez avec la cuillère. Votre pâte à papier est prête !

CONSERVATION

▶ **La pâte ne peut pas être conservée telle quelle, car l'eau contenue à l'intérieur des fibres de papier va s'évaporer très vite et elle séchera rapidement. Vous devez donc l'utiliser tout de suite pour réaliser votre projet.**

RECETTE DE LA PÂTE À PAPIER MÂCHÉ À BASE DE PAPIER TOILETTE

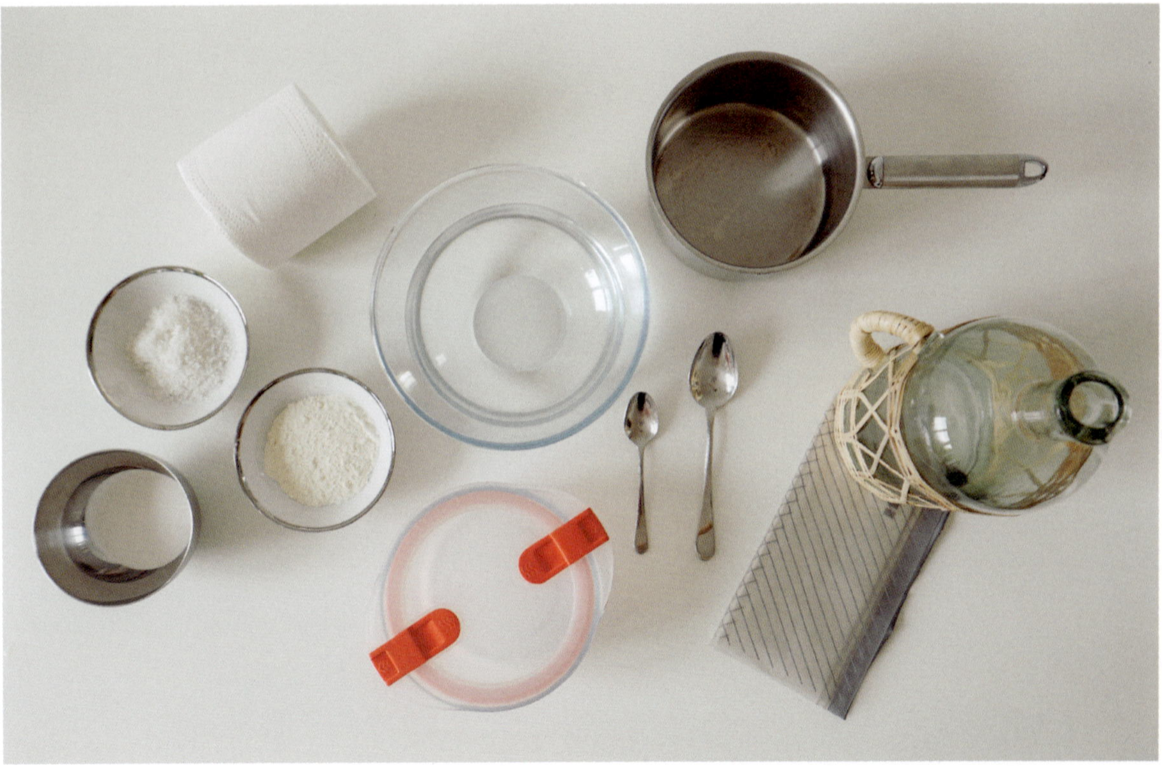

QUANTITÉ POUR 1 PROJET

Ingrédients

- 200 ml d'eau
- 30 feuilles de papier toilette fin
- De la colle blanche liquide
- De la farine fine
- Du sel

Ustensiles

- 1 grand saladier d'une contenance minimale d'1 litre
- 1 casserole
- 1 cuillère à café
- 1 cuillère à soupe
- 1 sachet congélation
- 1 boîte hermétique

1. Faites chauffer les 200 ml d'eau dans une casserole sans la faire bouillir, puis émiettez dans le saladier les 30 feuilles de papier toilette.

2. Versez l'eau chaude. Si vos feuilles sont un peu plus épaisses que les miennes, vous aurez peut-être besoin d'ajouter de l'eau. Il faut que l'eau, une fois versée dans le saladier, recouvre toutes les miettes de feuilles. Laissez reposer 15 minutes et retirez l'eau du saladier.

3. Ajoutez 1 cuillerée à café de sel.

4. Ajoutez 1 cuillerée à soupe de farine fine.

5. Ajoutez 1 cuillerée à soupe de colle blanche.

6. Mélangez le tout avec la cuillère jusqu'à obtenir une pâte homogène qui ne colle pas. Votre pâte à papier est prête !

CONSERVATION

▶ **Vous pouvez ensuite placer la pâte dans le sachet congélation, puis dans une boîte hermétique pour la conserver au réfrigérateur jusqu'à 3 ou 4 jours.**

Luxembou
42
Record d'ov

RECETTE DE LA COLLE À PAPIER MÂCHÉ ÉCOLOGIQUE

QUANTITÉ POUR 1 PROJET

Ingrédients

- 125 cl d'eau
- 200 g de farine fine

Ustensiles

- 1 casserole
- 1 verre doseur
- 1 cuillère à soupe
- 1 saladier
- 1 fouet électrique

1. Mesurez 100 cl d'eau avec le verre doseur. Versez l'eau dans la casserole et faites chauffer sans porter à ébullition.

2. Pendant ce temps, mélangez les 25 cl d'eau restants avec les 200 g de farine dans un saladier à l'aide de la cuillère à soupe jusqu'à obtenir un mélange lisse, sans grumeaux.

3. Quand l'eau commence à frémir, retirez la casserole du feu et ajoutez le mélange dans la casserole.

4. Mélangez avec le fouet électrique jusqu'à obtenir un mélange pas trop pâteux (sinon ajoutez de l'eau) et pas trop liquide (sinon ajoutez de la farine). Le mélange doit avoir l'aspect de la colle. Laissez refroidir afin de pouvoir le manier par la suite sans vous brûler les doigts. La colle à papier mâché est prête !

CONSERVATION

▶ **Elle peut être utilisée tout de suite ou bien être conservée quelques jours à température ambiante dans un sachet et un récipient hermétique.**

COMMENT FABRIQUER UN TAMIS ?

Pour une partie des projets de ce livre, vous aurez besoin d'un tamis.

Je vais vous proposer trois façons d'en fabriquer un en fonction de votre budget ou de ce que vous pouvez déjà avoir chez vous. Je les ai classées de la plus simple et moins coûteuse à la plus compliquée et plus coûteuse.

LE TAMIS RÉCUP'

Fabriquez un tamis avec un collant et un cintre en métal.

Matériel

- 1 collant pas trop épais (30 deniers)
- 1 cintre en métal
- 1 paire de ciseaux

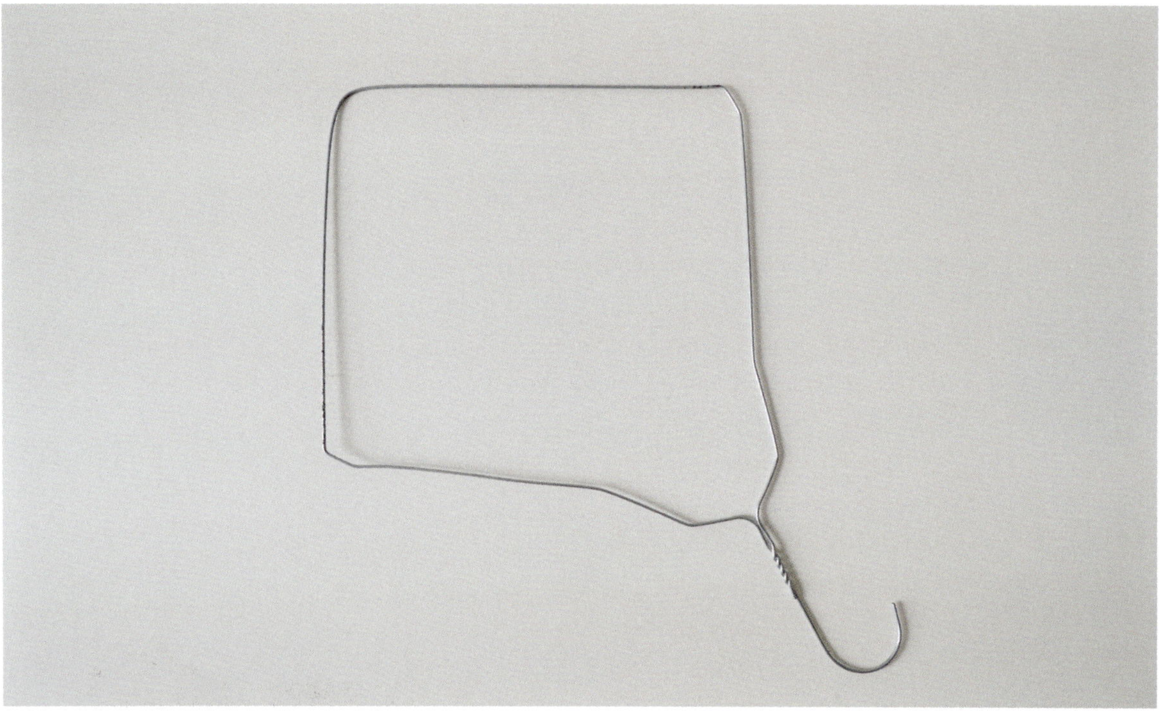

1. Pliez le cintre pour former un carré.

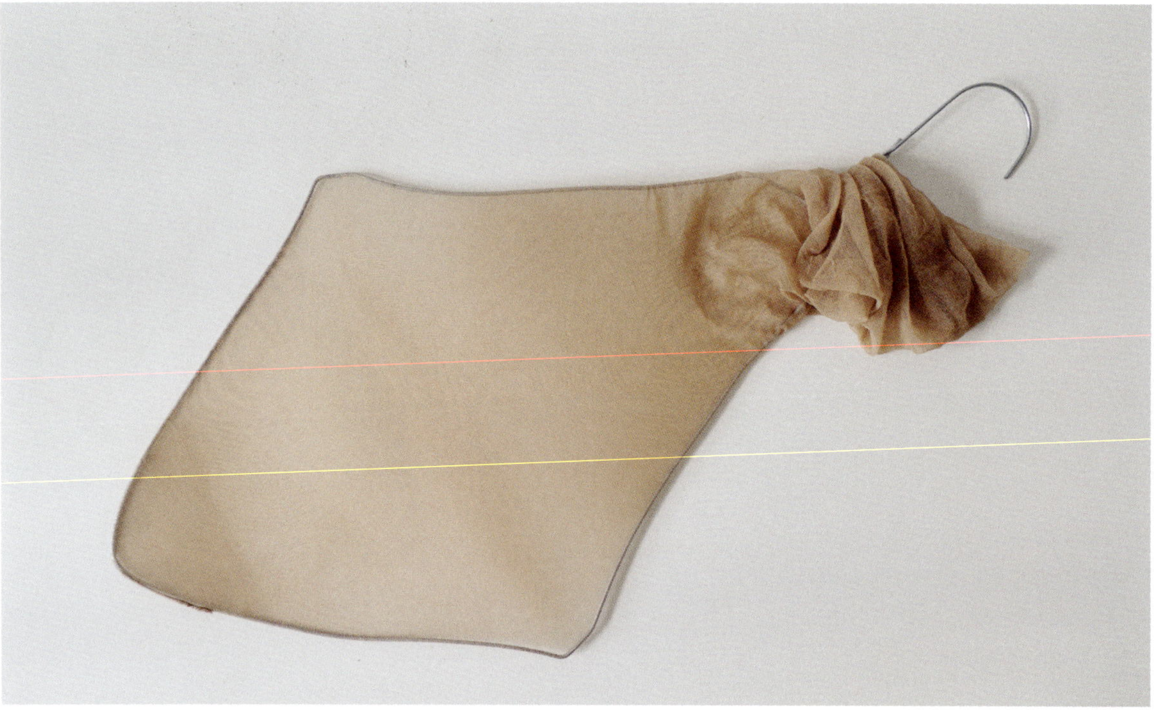

2. Coupez une jambe du collant. Enfilez-la sur le cintre en glissant la pointe du pied du collant dans l'angle du carré qui se trouve en face de l'attache du cintre. Tendez bien le collant (sans le filer !).

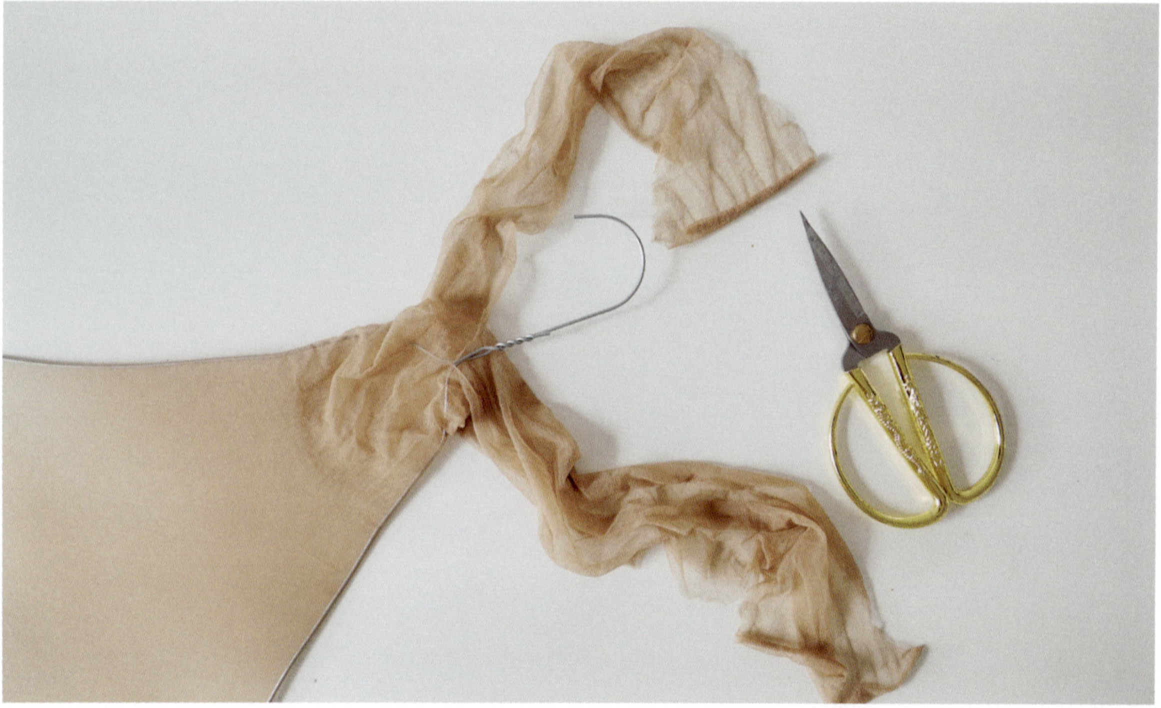

3. Coupez en deux dans la longueur la partie de la jambe du collant qui dépasse du cintre pour la séparer en 2 morceaux.

4. Faites un double nœud avec les 2 morceaux en veillant à bien garder le collant le plus tendu possible, puis coupez le surplus de collant. Votre tamis récup' est prêt !

LE TAMIS RAPIDE POUR LES DÉBUTANTS

Fabriquez un tamis avec un tambour à broder et un morceau de tulle.

Matériel

- 1 tambour à broder de 20 à 25 cm de diamètre
- 1 carré de tulle d'environ 30 × 30 cm adapté à la circonférence du tambour
- 1 paire de ciseaux
- 1 pistolet à colle

1. Ouvrez le tambour à broder en le dévissant.

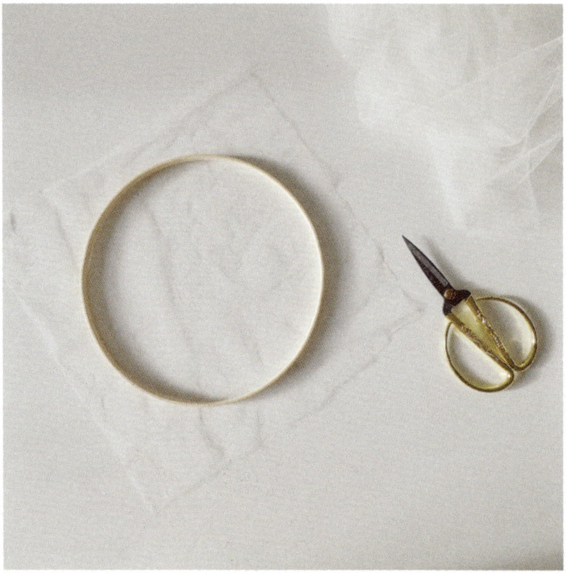

2. Découpez un carré de tulle dépassant de 4 cm du tambour à broder quand vous le posez dessus.

3. Placez le morceau de tulle entre les 2 morceaux du tambour à broder. Centrez-le bien. Vissez en serrant à fond la vis du tambour et en veillant à ce que le tulle soit bien tendu. Pour le tendre correctement, tirez délicatement dessus tout autour du tambour.

4. Recoupez le tulle à 2 cm autour du tambour.

5. Rabattez le tulle sur le cercle en bois et collez-le au pistolet à colle. Votre tamis DIY est prêt !

LE TAMIS POUR LES PROS

Fabriquez un tamis avec un cadre en bois et un morceau de moustiquaire.

Ici, j'ai utilisé un cadre en bois sur lequel il y avait une toile que j'ai démontée, mais vous pouvez aussi le fabriquer vous-même. Gardez en tête que pour réaliser les projets de ce livre, un cadre en bois de 30 × 25 cm suffit.

Matériel

- 1 cadre en bois de la taille de votre choix. Ici, j'ai démonté une toile à peindre pour récupérer le cadre en bois (si vous maîtrisez l'art du bricolage, vous pouvez aussi le fabriquer vous-même)
- 1 morceau de toile de moustiquaire (ou du tulle) d'environ 40 × 35 cm adapté à la taille de votre cadre
- 1 paire de ciseaux
- 1 agrafeuse murale

1. Placez le cadre sur la moustiquaire et découpez-la de sorte que celle-ci dépasse d'environ 5 cm de chaque côté du cadre.

2. Rabattez la toile de moustiquaire sur l'arrière du cadre et agrafez-la en exerçant un maximum de tension.

ASTUCE

▶ **Agrafez d'abord un côté du carré, puis faites le côté opposé, c'est-à-dire : en bas, puis en haut et ensuite à droite, puis à gauche. C'est ainsi plus facile de tendre la moustiquaire au fur et à mesure. La toile de moustiquaire doit être la plus tendue possible sur le cadre pour que votre tamis soit efficace.**

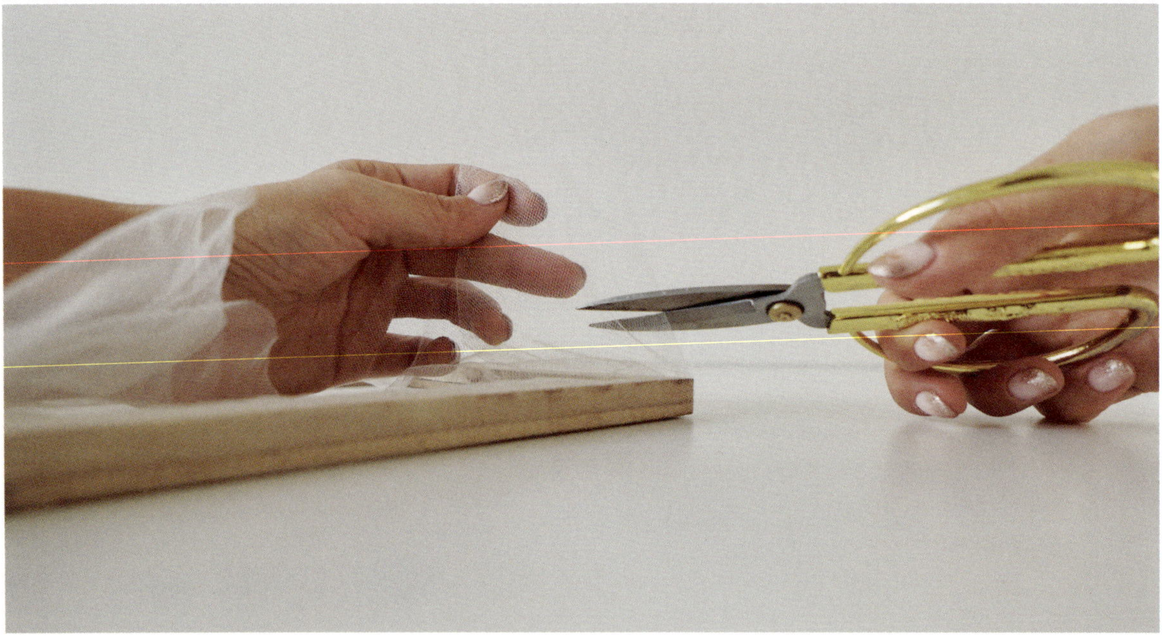

3. Coupez le surplus de moustiquaire qui dépasse. Votre tamis pour les pros est prêt !

LEXIQUE[2]

Un peu de vocabulaire pour comprendre le papier mâché !

Badigeonner : revêtir une surface d'une couche de vernis.

Ballon de baudruche : un ballon, ballon gonflable ou ballon de baudruche est un contenant léger et étanche destiné à être rempli de gaz, en général de l'air, parfois de l'hélium, afin qu'il prenne une forme ronde après gonflage.

Colle blanche : les colles vinyliques sont des colles blanches destinées à coller le bois et tous ses dérivés ; elles peuvent aussi servir à réunir des matériaux tels que le papier, le carton, le tissu et le verre, ainsi qu'à la fabrication de porcelaine froide. Après séchage, le film de colle devient transparent et pratiquement invisible.

Déchirer : diviser du papier, du tissu, etc., en morceaux, les mettre en pièces, en lambeaux, en tirant dessus.

Émietter : réduire une substance en miettes.

Être imbibé : absorber un liquide dans toutes ses parties, s'en imprégner par capillarité.

Gabarit : patron donnant une taille et une forme.

Gesso : combinaison de carbonate de calcium ($CaCO_3$) avec un polymère acrylique, un médium latex, un pigment blanc opaque et d'autres additifs assurant la flexibilité et la tenue à long terme. Il agit comme une sorte de vernis protecteur et sert donc à apprêter son support (toile, papier épais, carton pour peindre, bois).

Grillage à poule : treillis ou grillage de fils de fer couramment utilisé pour clôturer les enclos des poules, dans une exploitation ou un poulailler. Il est constitué de fil d'acier fin, flexible et galvanisé avec des mailles hexagonales. En construction, du grillage à poule ou du matériel de quincaillerie est utilisé comme lattage métallique, pour tenir le ciment ou le plâtre, un processus connu sous le nom de « stuc ».

Imbiber : pénétrer d'eau, d'un liquide. Mouiller.

Mélange homogène : on parle de mélange homogène lorsque les deux produits ne se distinguent plus.

Papier : matière se présentant en feuilles minces et sèches composée essentiellement de fibres ou de morceaux de fibres adhérant les uns aux autres.

Papier mâché : matériau de construction composé de plusieurs bandelettes de papier, auxquelles on ajoute parfois des morceaux de textile pour le rendre plus solide, qui sont assemblées par une colle humide type colle à papier peint. Lorsque la colle sèche, l'objet ainsi formé durcit, devient très résistant et garde la forme. Il est aussi appelé « carton-pâte ».

Pâte à papier : aussi appelé « pulpe », c'est la pâte destinée à la fabrication du papier et du carton.

Séchage : procédé qui sépare un liquide d'un solide, d'un semi-solide, voire d'un liquide par évaporation.

Tamis : grille de maillage plus ou moins fin, servant à trier les particules solides, fixée sur un cadre. Pour nos projets, il servira à égoutter l'eau dans la pâte à papier.

[2] *Source partielle pour la formulation : Wikipédia.*

acrylic
Métro

VENDREDI 3 SEPTEMBRE 2021 / LESSENTIEL.LU
Europe
Stockholm
Oslo
Berlin
Londres
Paris
c le bronze

ux
ents
élection en...
la question.
International
L'ouragan Ida a semé le chaos jusqu'à New York
10
ensemble
juntos
Les hautes
vendredi sur nos contr
Le soleil brillera très lar-
ce qui n'est pas arrivé si
mercredi

CHAPITRE 2
LE PAPIER MÂCHÉ SUR BALLON

Dans ce chapitre, vous allez apprendre à réaliser cinq projets décoratifs différents dont un que vous pouvez faire avec les enfants. Le Système solaire que je vous propose dans ce livre a en effet entièrement été réalisé à six mains avec mes deux garçons. Je leur ai donné carte blanche pour le choix des couleurs et la représentation des planètes.

Un bougeoir minimaliste

Ce bougeoir abstrait aux formes minimalistes mêle le papier mâché et le bois. Réalisé sur un support de ballon de baudruche pour la sculpture sur ballon, son design épuré en fait un objet de décoration qui s'intégrera dans tous les intérieurs.

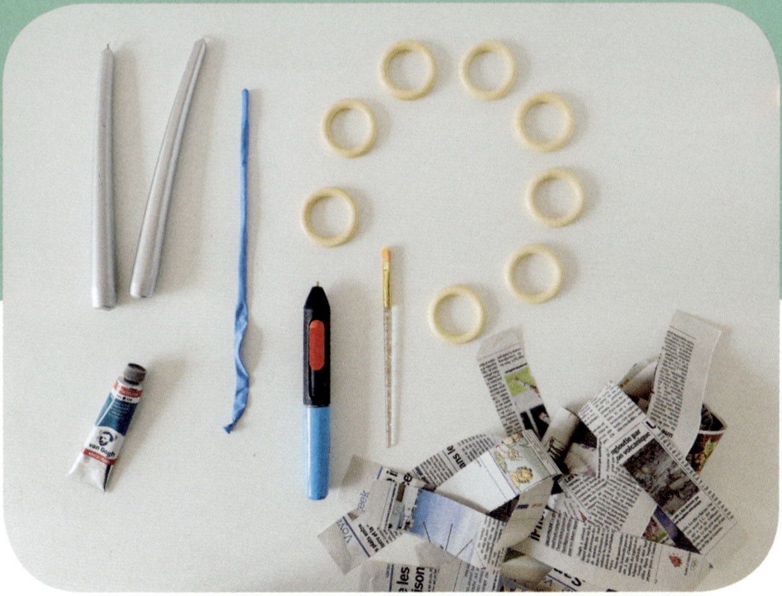

LE MATÉRIEL

- **Un ballon de baudruche long pour la sculpture sur ballon**
- **Du papier journal**
- **1 pinceau**
- **De la peinture verte surannée (acrylique)**
- **8 ronds en bois de 5 cm de diamètre (anneaux pour rideaux, par exemple)**
- **1 pistolet à colle**
- **2 bougies**
- **De la colle à papier mâché (voir p. 31)**
- **Du gesso**

1. Gonflez le ballon en laissant 15 cm de libre à l'extrémité afin de l'attacher à l'autre extrémité.

2. Attachez les deux extrémités du ballon entre elles en faisant un nœud pour donner au ballon une forme ovale.

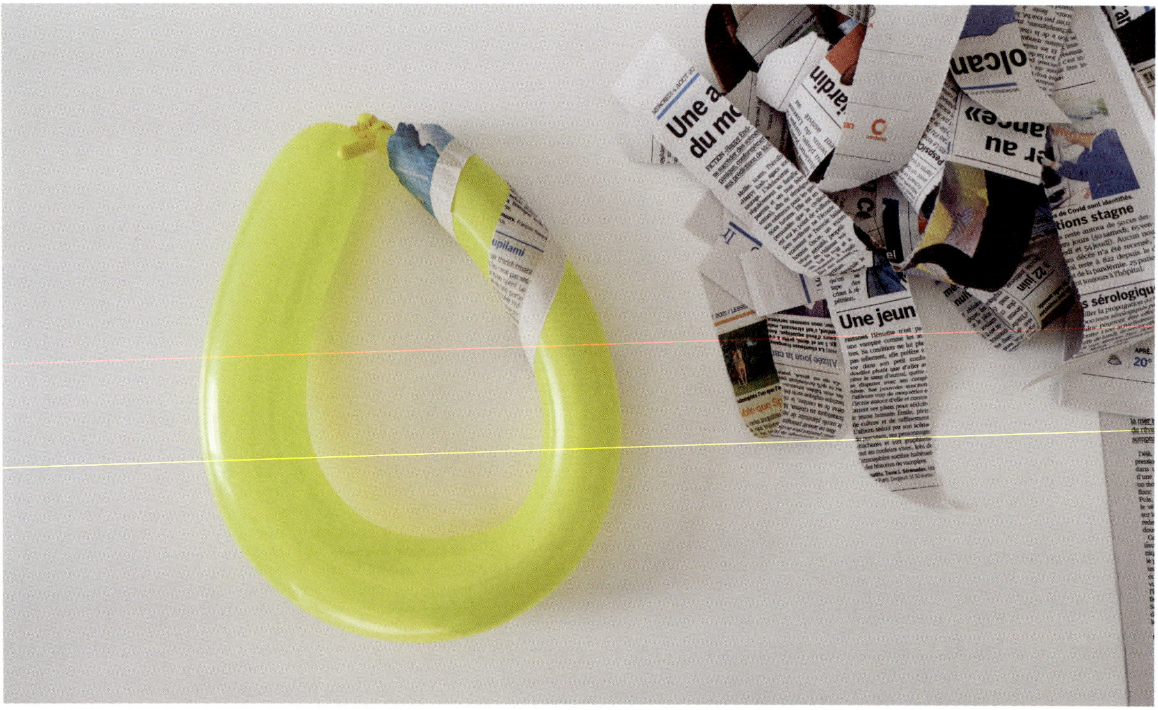

3. Découpez des bandes dans le journal. Collez les bandes avec la préparation de colle à papier mâché de manière à en recouvrir le ballon, comme sur la photo. Faites une première couche et laissez sécher 24 heures.

4. Une fois la première couche sèche, couvrez le ballon avec une seconde couche de bandes de papier journal. Passez une couche de gesso sur le papier journal afin de le « vernir ». Cette opération isolera le papier de l'humidité pour pouvoir le peindre ensuite.

LE GESSO

▶ **Comme indiqué dans le lexique (p. 46), le gesso est une sorte d'enduit utilisé comme un apprêt. Il permet de rendre la surface plus lisse et moins perméable. On le trouve facilement et déjà préparé dans le commerce, dans les magasins de beaux-arts ou de loisirs créatifs. L'intérêt d'utiliser le gesso avant d'appliquer la peinture sur le papier mâché est de créer une couche rigide et isolante pour éviter que la peinture humide ne rende à nouveau le papier mou. En apportant de la matière supplémentaire, le gesso permet aussi d'empêcher la structure de réapparaître sous le papier, qui a tendance à se rétracter si on applique la peinture sans gesso. Cette étape est optionnelle, mais elle est conseillée pour un rendu plus esthétique et une meilleure tenue dans le temps de la réalisation. Pour chacun des modèles réalisés dans ce livre, j'ai presque toujours eu recours au gesso.**

LES FINITIONS

5. Peignez le papier journal avec la peinture verte. Laissez sécher. Puis appliquez une seconde couche.

6. Positionnez 3 anneaux en bois à gauche en les empilant l'un sur l'autre et 5 autres de l'autre côté. Puis collez-les sur le support et entre eux avec le pistolet à colle. Pour fixer les bougies, 2 options : collez-les avec de la colle chaude ou coincez-les avec du papier journal.

Une coupe de fruits

Voici une coupe de fruits à oreilles, aux formes rondes et à la surface imparfaite, imitant la matière brute de la poterie. Ça ne vous évoque rien ? Pour moi, c'est un voyage en Grèce, surtout si l'on y ajoute une branche d'olivier et des citrons !

LE MATÉRIEL

- **1 ballon de baudruche (30 cm de diamètre)**
- **1 morceau de carton de 40 × 10 cm**
- **1 morceau de carton de 15 × 15 cm**
- **1 crayon à papier**
- **1 règle**
- **1 cutter**
- **Du ruban adhésif**
- **1 journal**
- **1 aiguille à coudre**
- **1 paire de ciseaux**
- **1 couteau de précision (si vous n'en avez pas, utilisez le cutter)**
- **1 compas**
- **1 pinceau**
- **De la peinture blanche (acrylique)**
- **De la colle à papier mâché (voir p. 31)**
- **Du gesso**

1. Préparez le support : gonflez le ballon de baudruche jusqu'à obtenir un rond de 20 cm de diamètre. Nouez-le pour le fermer.

2. Préparez le pied de la coupe de fruits : avec la règle et le crayon à papier, tracez une bande de 5 cm de large × 40 cm de long sur le morceau de carton le plus grand.

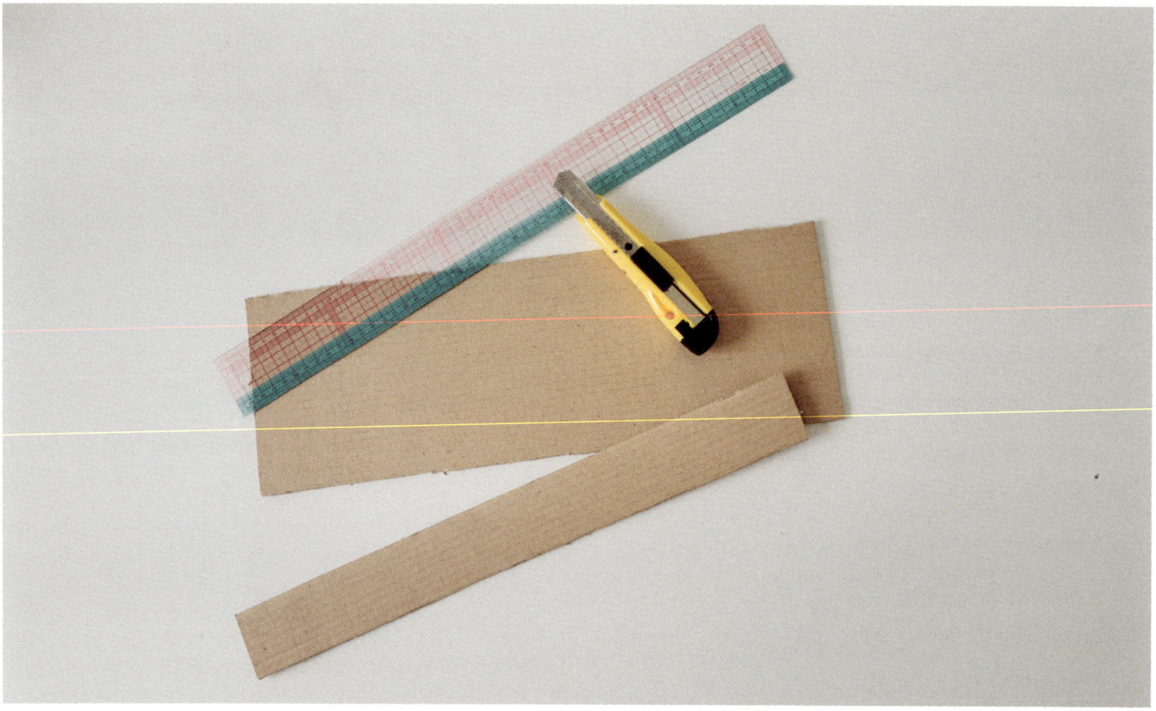

3. Découpez la bande de carton au cutter.

PAS À PAS

4. Enroulez la bande de carton autour du nœud de fermeture du ballon de baudruche en formant un cercle de 12 cm de diamètre.

5. Assemblez le pied et le corps de la coupe de fruits : fixez le cercle en carton autour de l'attache de fermeture du ballon de baudruche avec du ruban adhésif. Il devient le socle du ballon.

6. Préparez le journal : coupez des bandes de journal d'environ 5 cm de large à l'aide de la règle.

7. Recouvrez le socle : trempez les bandes de journal dans la colle à papier mâché. Retirez le surplus de colle en essorant le papier journal entre vos doigts, puis collez les bandes autour du socle en carton de manière à le recouvrir entièrement.

8. Recouvrez le ballon : collez des bandes de journal jusqu'à la moitié du ballon en pensant à les croiser de temps en temps pour une meilleure tenue. Lissez les bandes avec les doigts afin qu'elles adhèrent bien au ballon.

ASTUCE

▶ **Plus précisément : commencez par délimiter le bord de la coupe de fruits au milieu du ballon avec des bandes bien droites, puis remplissez le reste en positionnant les bandes de sorte qu'elles se chevauchent un peu. Votre réalisation aura une meilleure tenue.**

9. Laissez sécher, puis percez le ballon avec l'aiguille pour le retirer.

10. Avec les ciseaux, découpez le ballon pour l'ouvrir et décollez-le du journal tout doucement. Enlevez bien tous les morceaux de ballon, car en se rétractant, ils risquent de faire craqueler le papier mâché.

11. Réalisez le fond de la coupe de fruits : collez en étoile des bandes de journal pour boucher le fond de la coupe.

12. Réalisez les oreilles de la coupe de fruits : sur le carton de 15 × 15 cm, tracez avec le compas 3 cercles de 2 cm de diamètre. Puis, à l'aide de la règle, tracez un trait passant par le centre des cercles afin d'obtenir deux moitiés.

13. À l'aide du couteau de précision, découpez les cercles en suivant les traits afin d'obtenir 6 demi-cercles. Ce sont les oreillettes qui vont vous servir à décorer la coupe de fruits.

14. Collez 3 oreillettes de façon symétrique sur chaque côté de la coupe de fruits avec du ruban adhésif.

15. Recouvrez les oreilles avec du journal : découpez des bandes de papier journal plus fines de 2,5 × 20 cm et positionnez-les sur les morceaux de carton en faisant se chevaucher les bandes par-dessus le carton. Les extrémités des bandes doivent être collées sur le corps de la coupe afin de bien fixer les oreillettes à celui-ci.
Laissez sécher 24 à 48 heures et répétez les étapes 7, 8 et 15 afin de réaliser une seconde couche de papier sur toute la coupe de fruits.

FINITIONS

16. Égalisez les bords de la coupe avec des ciseaux selon votre goût. Pour ma part, je n'ai pas fait une découpe très nette afin de conserver un petit côté asymétrique qui rappelle une fabrique artisanale.

DÉCORATION

17. Appliquez une couche de gesso sur le papier journal afin de le « vernir ». Peignez la coupe de fruits avec de la peinture blanche. Selon la capacité couvrante de votre peinture, il faudra passer une ou plusieurs couches. Laissez bien sécher entre chaque couche afin de ne pas trop humidifier le papier journal.

Un panier en raphia

Voici un panier ou une coupelle ronde, selon son utilisation, pour y ranger vos lingettes démaquillantes ou y déposer vos bijoux. Tissé de son plus beau tressage en raphia, il décorera votre salle de bains. Ce projet mêle papier mâché et tissage afin d'apporter une touche décorative en bordure.

LE MATÉRIEL

- **1 ballon de baudruche**
- **1 aiguille de tissage**
- **1 paire de ciseaux**
- **1 pinceau**
- **1 pince coupante**
- **1 morceau de fil de fer anodisé de 2 mm de 50 cm**
- **1 perforatrice**
- **Du raphia**
- **Du papier journal**
- **De la peinture rose (acrylique)**
- **De la peinture blanche (acrylique)**
- **Du papier de verre (optionnel)**
- **De la colle à papier mâché (voir p. 31)**
- **Du gesso**

PAS À PAS

1. Gonflez le ballon pour obtenir un rond de 25 cm de diamètre environ et déchirez des bandes de papier journal de 3 cm de large.

2. Collez les bandes de journal sur le ballon avec la colle à papier mâché de manière à le recouvrir à moitié. Laissez sécher 24 heures. Renouvelez l'opération en réalisant une seconde couche.

3. Percez-le ballon avec l'aiguille.

4. Décollez délicatement le ballon du journal. Vous pouvez vous aider des ciseaux en le découpant par endroits si nécessaire.

5. Vernissez le panier avec du gesso. Laissez sécher. Vous pouvez poncer légèrement la surface avec du papier de verre à grain fin afin de la lisser.

6. Peignez le panier en rose. Laissez sécher. Selon la capacité couvrante de votre peinture, deux couches peuvent être nécessaires.

7. Froissez un morceau de papier journal et trempez-le dans la peinture blanche. Tamponnez ensuite le panier avec le journal. Attention à ne pas mettre trop de peinture sur le journal, car l'effet tamponné que l'on cherche à créer doit être léger. Laissez sécher.

8. Avec la perforatrice, faites des trous tout autour du rebord du panier de manière régulière, tous les 2 cm environ. Veillez à ne pas être trop près du bord afin d'éviter un déchirement par la suite.

9. Avec la pince coupante, découpez un morceau de fil de fer correspondant à une fois et demie le diamètre du panier.

10. Avec le raphia, faites un nœud autour du fil de fer, à l'extrémité de celui-ci, puis enroulez le raphia autour du fil de fer, sur toute sa longueur.

11. Une fois le fil de fer entièrement recouvert, faites un nœud à l'autre extrémité.

12. Assemblez la bordure en raphia sur le panier : enfilez un morceau de raphia de 8 cm sur une aiguille à tisser. Passez l'aiguille dans un trou du panier de l'intérieur vers l'extérieur et positionnez le rond en fil de fer que vous venez de recouvrir de raphia au bord du panier comme sur la photo.

13. Continuez le tissage en repassant dans le même trou, toujours de l'intérieur vers l'extérieur pour fixer la bordure au panier.

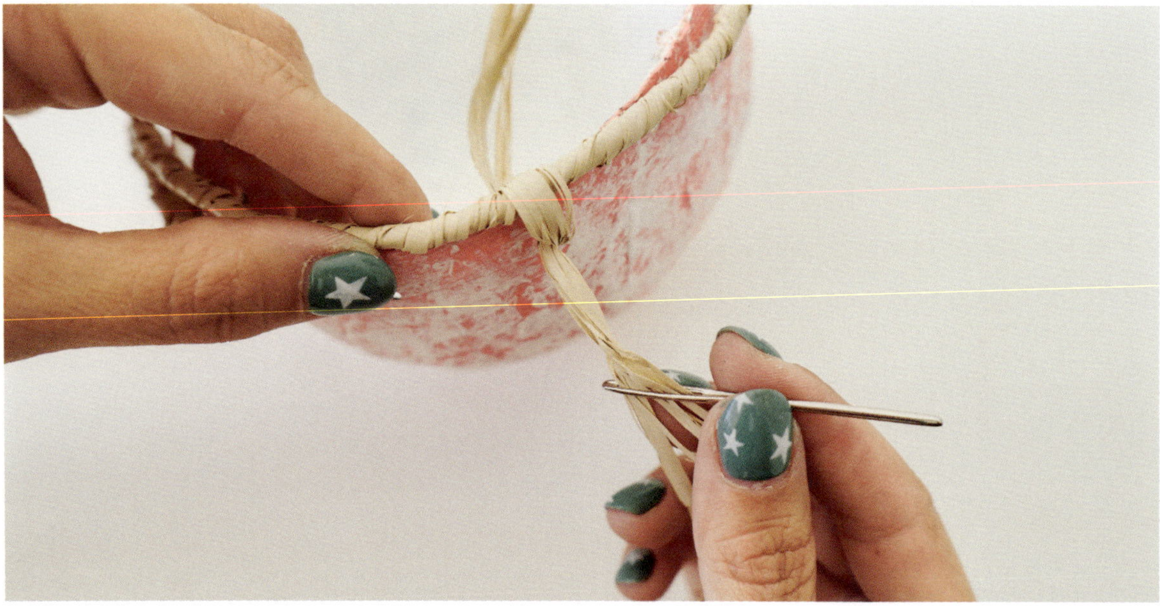

14. Tirez bien le raphia afin d'avoir assez de longueur pour faire tout le tour.

15. Passez ensuite dans le trou suivant, en tissant toujours dans le même sens de l'intérieur vers l'extérieur. Puis répétez les étapes 12 à 15 pour chaque trou.

16. Pour terminer et arrêter le tissage, faites un nœud à l'intérieur du panier.

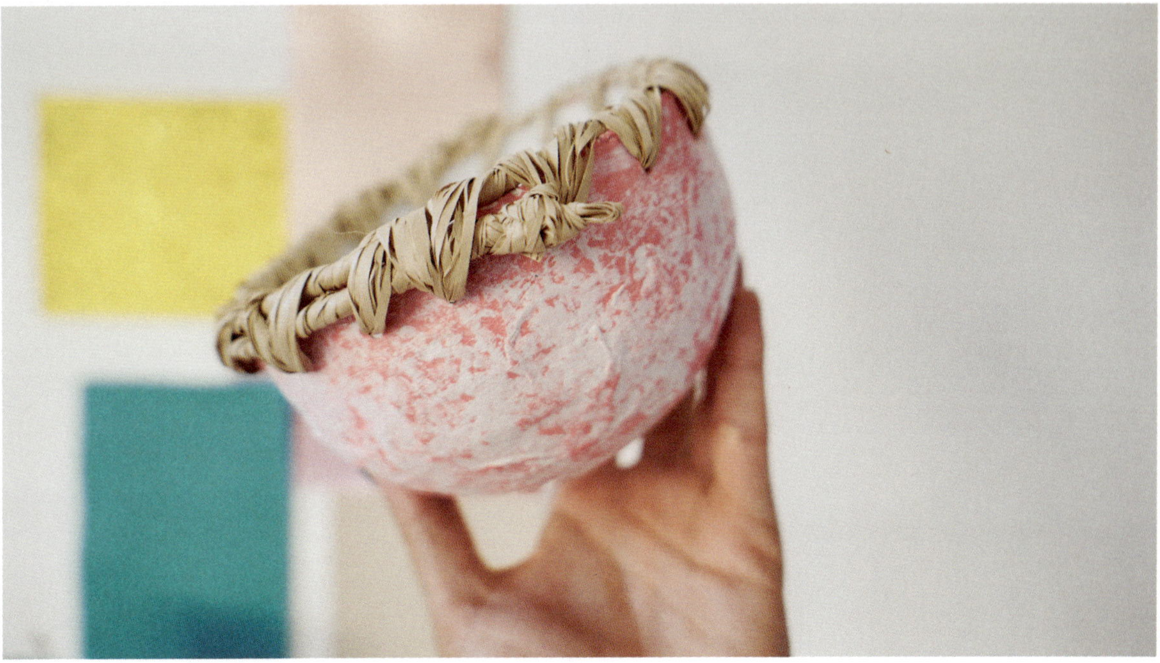

17. Ajustez bien la forme du fil de fer au panier afin de le rendre bien rond en le formant avec vos mains. Votre panier est terminé !

DON'T GROW UP

Un mobile Système solaire

Créez un véritable Système solaire pour décorer une chambre d'enfant ! Le faire avec eux, à plusieurs mains, et voir leurs yeux s'émerveiller au moment de le suspendre, c'est encore mieux et c'est ce que promet ce projet, facile à réaliser avec les enfants.

LE MATÉRIEL

- 9 ballons de baudruche
- 1 aiguille de tissage
- 1 paire de ciseaux
- 1 pinceau
- 1 pince coupante
- 1 pince plate
- 1 morceau de fil de fer anodisé de 2 mm de 30 cm
- Du ruban adhésif
- Des Post-it®
- 1 couteau de précision (ou un cutter)
- Du papier journal
- 1 feuille A4 de papier jaune
- De la peinture de toutes les couleurs nécessaires pour décorer les planètes (acrylique)
- De la peinture blanche (acrylique)
- Du fil de pêche ou fil très fin
- 1 grand rond en bois de 50 cm de diamètre
- De la colle à papier mâché (voir p. 31)
- Du gesso

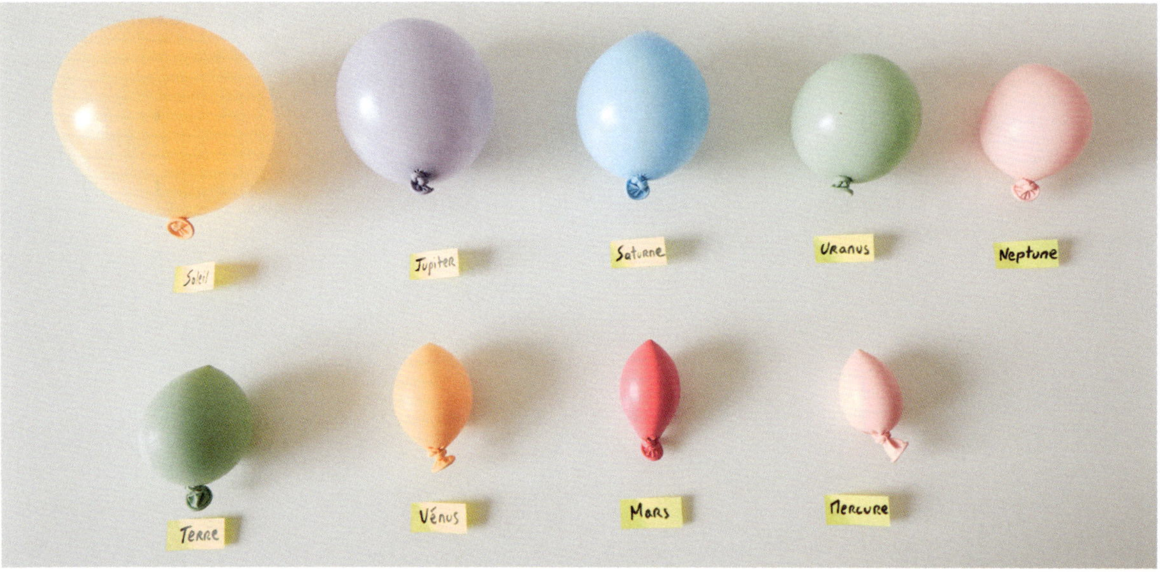

1. Les structures des planètes : le Système solaire est composé d'un astre : le Soleil, et de 8 planètes, de la plus grande à la plus petite : Jupiter, Saturne, Uranus, Neptune, Terre, Vénus, Mars, Mercure. Gonflez 8 ballons de dimensions différentes en fonction de la taille des planètes et 1 ballon plus gros que tous les autres pour le Soleil. Repérez-les en plaçant des Post-it® avec le nom de chacune sous chaque ballon.

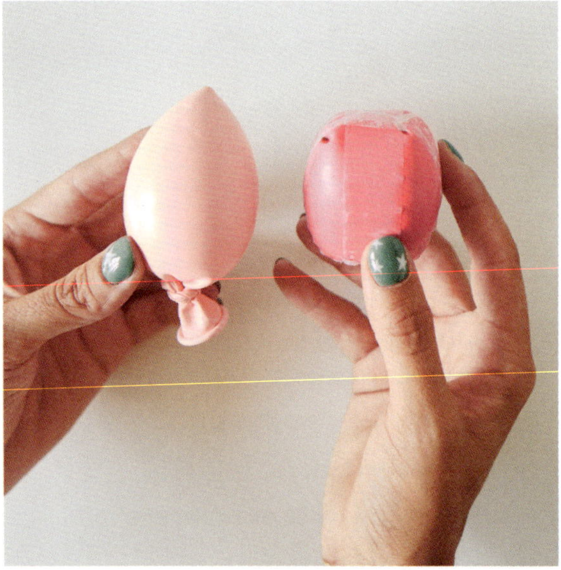

2. Les ballons les moins gonflés conservent une forme ovale. Afin d'obtenir des planètes plus rondes, mettez du ruban adhésif autour des ballons, comme sur la photo.

3. Coupez des bandes de papier journal, puis collez-les sur les ballons à l'aide de la colle de manière à les recouvrir tous entièrement. Laissez sécher les planètes 24 heures.

4. Répétez les étapes 3 et 4 afin de recouvrir d'une seconde couche de papier journal.

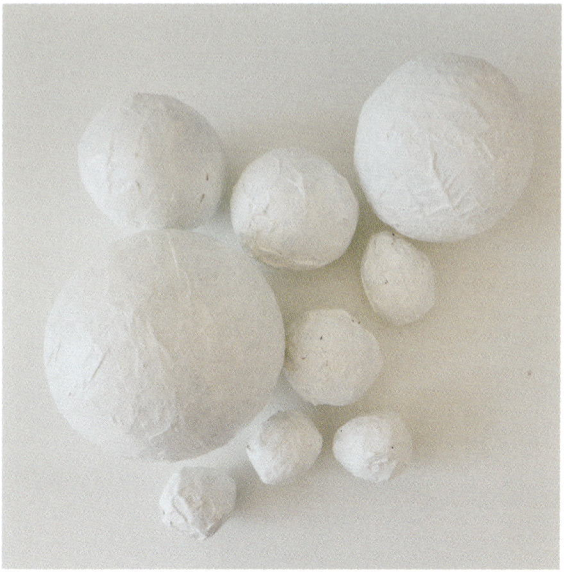

5. Passez une couche de gesso sur chaque planète pour la « vernir ». Laissez sécher.

6. Peignez chaque planète avec la couleur correspondant à chacune. Aidez-vous de la photo si nécessaire. Laissez sécher.

7. Pour l'anneau de Saturne, coupez un morceau de fil de fer anodisé avec la pince coupante. Sa longueur doit pouvoir former un cercle de 2 cm de plus que le diamètre de votre planète Saturne. Formez un cercle avec le fil de fer et assemblez les 2 extrémités du fil de fer en vous aidant de la pince plate pour écraser le fil de fer. Coupez 2 morceaux droits de 4 cm avec la pince coupante. Assemblez-les en les enroulant, face à face de part et d'autre du cercle à l'aide de la pince plate. Vous devez obtenir la même chose que sur la photo.

8. Faites des trous de chaque côté de la planète Saturne avec l'aiguille.

9. Glissez les morceaux droits de fil de fer à l'intérieur des trous pour fixer le cercle autour de la planète. S'ils sont trop longs, vous pouvez les recouper avec la pince coupante.

10. Assemblez le Système solaire : faites un trou en haut de chaque planète avec l'aiguille et passez-y le fil pour les suspendre. Faites 2 nœuds l'un sur l'autre pour bien sécuriser l'attache. Pensez à laisser un fil assez long : environ 60 cm, pour avoir assez de longueur à la fin pour ajuster la hauteur de vos planètes sur le support.

11. Avec les ciseaux, découpez 9 rayons de soleil de dimensions différentes dans la feuille jaune.

12. Réalisez des fentes de la longueur exacte de la base des rayons avec le couteau de précision ou le cutter.

13. Glissez les rayons de soleil dans les fentes, en les rentrant de 2 cm à l'intérieur de la planète.

14. Répétez les opérations 12 et 13 pour obtenir un Soleil avec 9 rayons.

15. Nouez chaque planète sur le cercle en bois qui sera le support. Placez-les de la plus grande à la plus petite. La plus grande sera nouée au plus près du support en bois. À chaque planète que vous fixerez, éloignez-vous un peu plus du support afin d'obtenir une « cascade de planètes ». Ensuite, suspendez le support à son emplacement prévu et venez ajouter le Soleil au centre.

Une piñata glace

Les piñatas sont devenues des objets incontournables de la décoration de nos anniversaires ou autres événements. La tradition veut que l'on y cache des bonbons et que l'on tape dessus les yeux bandés avec un bâton pour les découvrir. Elle doit donc être solide, mais pas trop afin de pouvoir se briser. L'utilisation du papier mâché est donc idéale pour la réaliser. Je vous propose ici de fabriquer une piñata gourmande en forme de glace qui saura se marier avec de nombreux thèmes de décoration.

LE MATÉRIEL

- **1 feuille de Canson® blanche épaisse de 300 g/m² de 42 × 56 cm**
- **1 pistolet à colle**
- **Du papier journal**
- **Du ruban adhésif de peinture**
- **1 paire de ciseaux**
- **1 ballon de baudruche**
- **1 crayon à papier**
- **1 règle**
- **3 feuilles de papier de soie doré de 50 × 70 cm**
- **4 feuilles de papier de soie couleur pêche de 50 × 70 cm**
- **De la laine épaisse de 3 couleurs différentes : jaune, bleu et rose**
- **De la colle à papier mâché (voir p. 31)**
- **Du gesso**

1. Formez un cône avec la feuille de Canson® en la roulant sur elle-même. Pour cela, commencez par enrouler une pointe vers le centre de la feuille et roulez la feuille jusqu'à obtenir un cône. Ajustez la largeur du cône pour obtenir une ouverture d'environ 25 cm de diamètre. Puis fixez le bord de la feuille sur toute sa longueur avec le ruban adhésif de peinture pour la maintenir en forme.

ASTUCE

▶ **Pour plus de tenue, doublez la feuille de Canson® mais ce n'est pas obligatoire.**

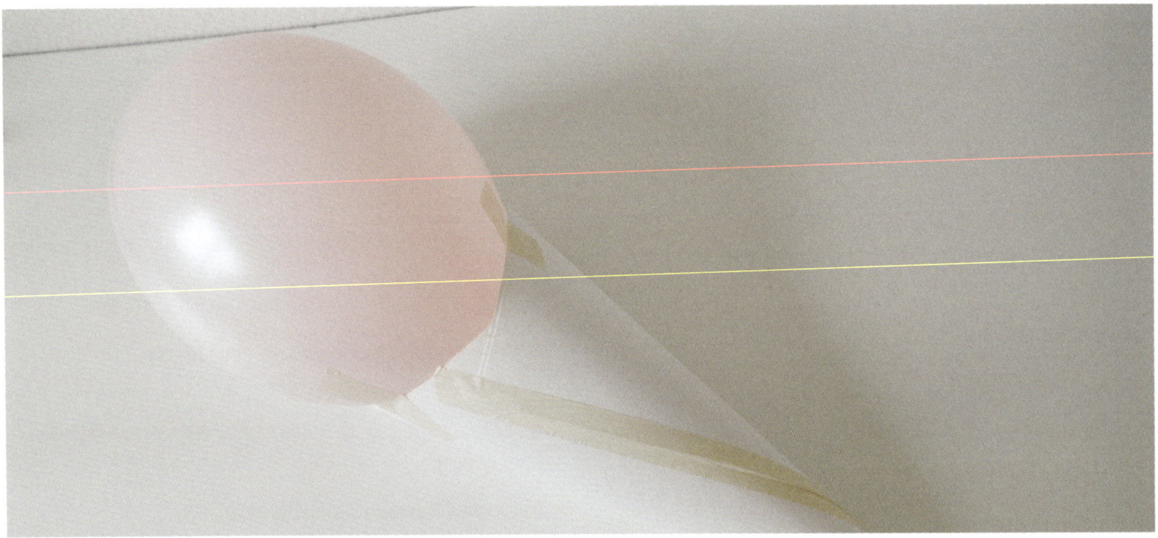

2. Gonflez le ballon de baudruche. Il doit être assez grand pour bien se positionner dans le trou du cône et le boucher. Fixez-le à la feuille avec le ruban adhésif de peinture pour les assembler.

PAS À PAS

3. Recouvrez le ballon d'une première couche de bandes de papier journal en les collant avec la colle à papier mâché. Pensez à laisser un trou à l'arrière de la piñata (voir photo étape 4). Ce trou vous servira à remplir la piñata de bonbons. Laissez sécher 24 heures.

4. Recouvrez le tout d'une seconde couche de bandes de papier journal en les collant avec la colle à papier mâché et en laissant toujours le trou à l'arrière. Laissez sécher 24 heures. Appliquez une couche de gesso. Laissez sécher.

5. Pliez en quatre une feuille de papier de soie doré, puis tracez 3 bandes égales dans sa longueur.

6. En dessous du trait délimitant chaque bande, tracez un nouveau trait à 2 cm de celui-ci.

7. Découpez les bandes.

8. Coupez des franges d'1 cm de large environ sur chaque bande. Pour cela, entamez votre découpe en partant du bas de la bande et remontez en arrêtant la pointe de vos ciseaux au niveau du trait que vous aviez tracé. Vous aurez besoin de répéter les étapes 5 à 8 encore 2 fois afin d'obtenir assez de bandes pour recouvrir tout le cône.

9. Percez le ballon avec la pointe des ciseaux à travers le trou que vous avez laissé pour remplir de bonbons. Découpez joliment l'ouverture.

10. Avant de recouvrir le cône avec les bandes de papier de soie, fixez la « boule de glace » sur le cône en plusieurs endroits avec le ruban adhésif de peinture.

11. Collez les bandes de papier de soie doré avec le pistolet à colle en partant de la pointe du cône et en les superposant pour bien cacher la feuille. Remontez ainsi jusqu'au sommet du cône au ras du ballon.

12. Froissez une feuille de papier de soie couleur pêche en l'entortillant pour former une sorte de boudin. Faites de même avec les 2 autres feuilles pour former 2 autres boudins : chacun est à chaque fois plus petit que le premier. Vous pouvez les ajuster en les découpant avec les ciseaux.

13. Collez le 1er boudin au pistolet à colle à la base de la boule en l'enroulant autour.

14. Collez le 2e boudin au-dessus du premier, puis collez le 3e boudin.

15. Froissez la dernière feuille en boule et faites une pointe à l'extrémité pour donner l'illusion de la pointe de crème glacée.

16. Découpez 5 morceaux de laine de 2 cm de long de chaque couleur.

17. Collez les morceaux de laine avec le pistolet à colle sur la « crème glacée » en les éparpillant comme s'ils avaient été saupoudrés. Votre piñata est prête à être utilisée ! Vous pouvez y ajouter une corde en la passant autour de la base de la boule de glace pour la suspendre.

CHAPITRE 3
LE PAPIER MÂCHÉ SUR GRILLAGE

Dans ce chapitre, tous les projets sont réalisés sur le support du grillage à poule. Vous verrez la magie de créer des formes à partir de rien. De voir naître une lampe, un vase ou un cache-pot à partir d'une simple feuille de grillage habillée de papier.

Un vase antique

Un vase en papier mâché étanche ? Oui, c'est bien ce que je vous propose de réaliser grâce à l'ajout d'une gaine plastique à l'intérieur pour pouvoir y verser de l'eau. Aux formes demi-circulaires et épurées, ce vase s'intégrera parfaitement dans votre décoration.

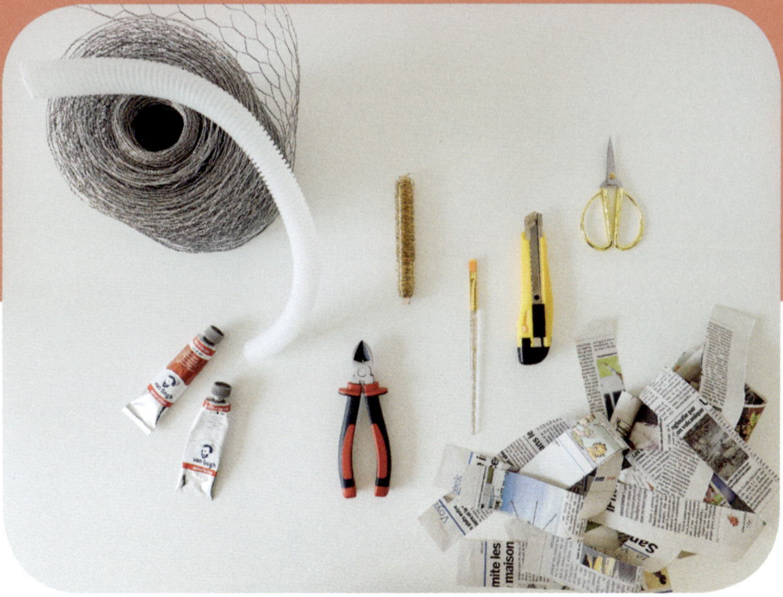

LE MATÉRIEL

- **1 pince coupante**
- **Du grillage à poule**
- **Du fil de fer fin de 0,50 mm ou 1 mm**
- **1 cutter**
- **1 paire de ciseaux**
- **1 pinceau**
- **De la peinture de couleur ocre (acrylique)**
- **Du papier journal**
- **De la gaine plastique de 3 cm de diamètre**
- **De la colle à papier mâché (voir p. 31)**
- **Du gesso**

LA STRUCTURE DU VASE

1. Avec la pince coupante, découpez un morceau de grillage de 50 × 15 cm.

2. Formez un cylindre d'un diamètre de 4 cm.

3. Avec la pince coupante, coupez des petits morceaux de fil de fer fin. Fixez le cylindre avec ces petits morceaux en plusieurs endroits afin que le cylindre tienne et ne s'ouvre pas.

4. Avec le cutter, coupez un morceau de gaine de 45 cm.

5. Enfilez la gaine dans le cylindre. Attention, elle ne doit pas dépasser du cylindre aux extrémités. L'idéal est qu'elle soit à 2 cm de l'extrémité du grillage à poule. Donnez au cylindre une forme de demi-cercle en le tordant avec vos mains.

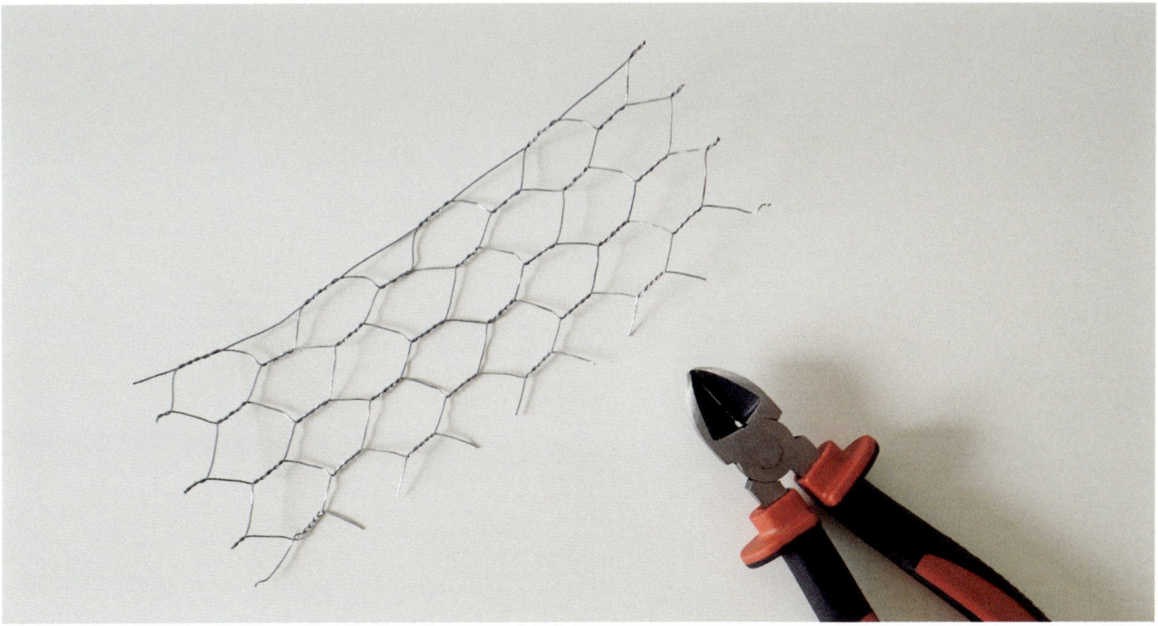

6. Avec la pince coupante, coupez un morceau de grillage à poule de 18 × 4 cm.

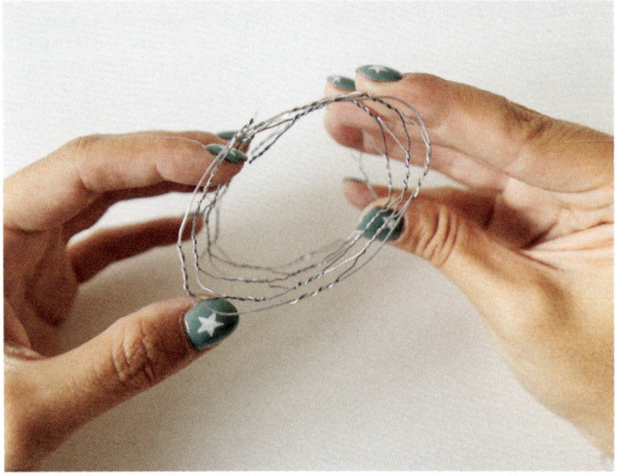

7. Formez un cylindre ovale entre vos mains pour créer un socle.

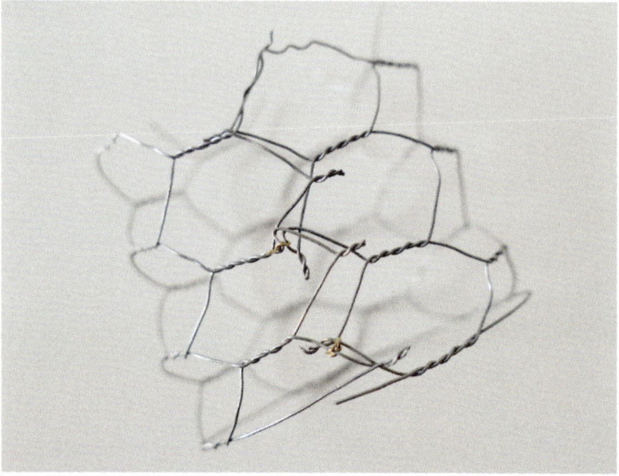

8. Avec la pince coupante, coupez des petits morceaux de fil de fer fin. Attachez le cylindre ovale avec ces petits morceaux en plusieurs endroits afin que le cylindre tienne et ne s'ouvre pas.

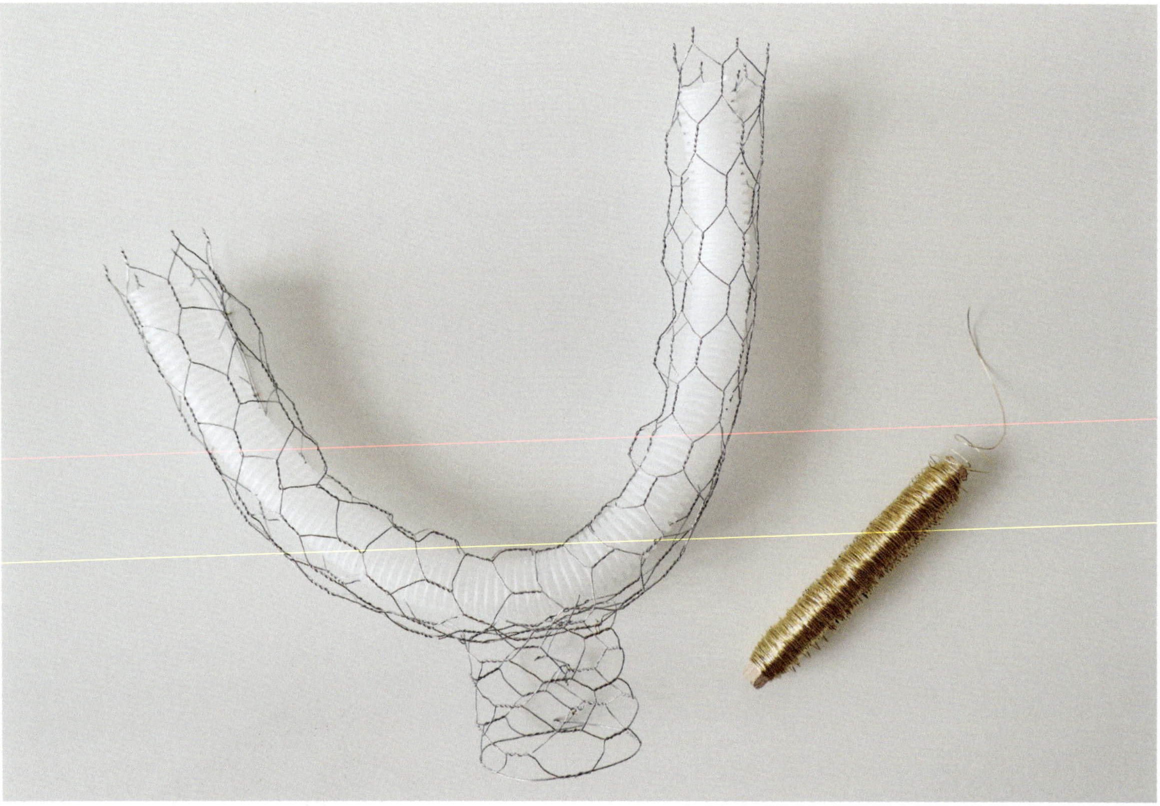

9. Avec la pince coupante, coupez des petits morceaux de fil de fer fin. Attachez le cylindre ovale au demi-cercle en plusieurs endroits afin de les réunir.

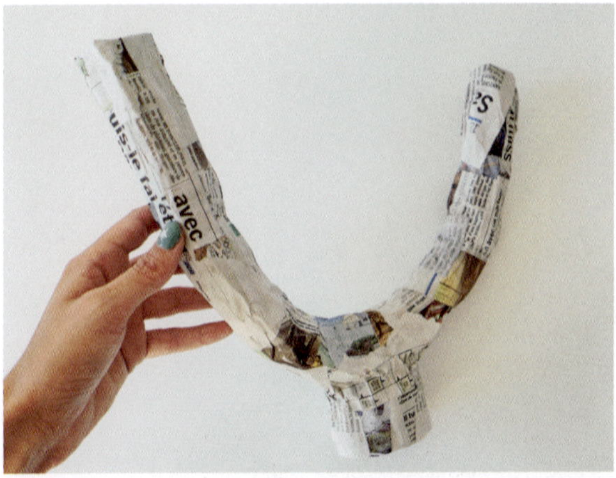

10. Recouvrez la structure de bandes de papier journal en utilisant la colle à papier mâché pour les fixer. Laissez sécher 24 heures. Renouvelez cette étape pour obtenir 2 couches de papier journal.

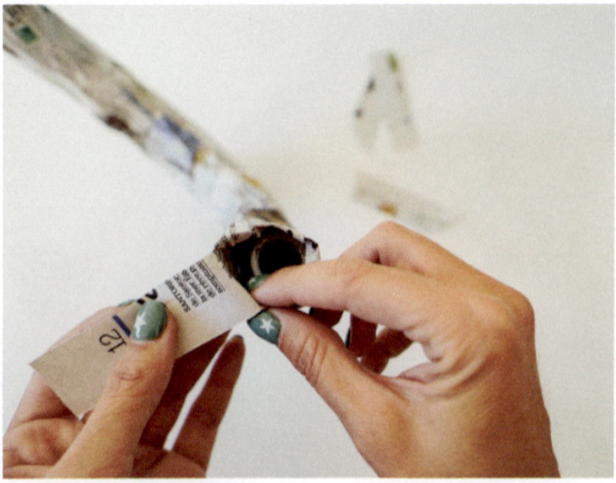

11. Ajoutez des bandes de papier journal sur les bords du cylindre en les positionnant à cheval comme sur la photo afin de créer des rebords droits et bien finis. Une seule couche sera suffisante.

LA PEINTURE

12. Vernissez le vase avec une couche de gesso. Laissez sécher. Peignez avec une ou plusieurs couches de peinture ocre selon la capacité couvrante de la peinture.

Votre vase est terminé ! Vous pouvez y glisser quelques branches d'olivier ou des rameaux pour un effet antique et tendance garanti !

UN CACHE-POT À SUSPENDRE

Les plantes vertes envahissent nos intérieurs et quels plus beaux écrins que des cache-pots personnalisés ! Le papier mâché est ici un bon moyen de réaliser un cache-pot déco que vous pourrez ensuite suspendre.

LE MATÉRIEL

- **Du grillage à poule**
- **1 pince coupante**
- **Du fil de fer fin de 0,5 mm ou 1 mm**
- **Du papier journal**
- **Du ruban adhésif**
- **3 grosses perles en bois avec un trou du même diamètre que la corde**
- **1 aiguille à tisser**
- **1 paire de ciseaux**
- **De la corde à macramé de 3 mm**
- **1 pinceau**
- **De la peinture bleu clair (acrylique)**
- **De la peinture blanche (acrylique)**
- **De la colle à papier mâché (voir p. 31)**
- **Du gesso**

LA STRUCTURE DU CACHE-POT

1. Avec la pince coupante, coupez un morceau de grillage à poule de 45 × 15 cm.

2. Formez un cylindre de 15 cm de diamètre.

3. Coupez des petits morceaux de fil de fer fin et attachez-les en plusieurs points au grillage à poule afin que le cylindre tienne assemblé seul. Veillez à bien mettre les extrémités du grillage bord à bord en les superposant sur 1 cm.

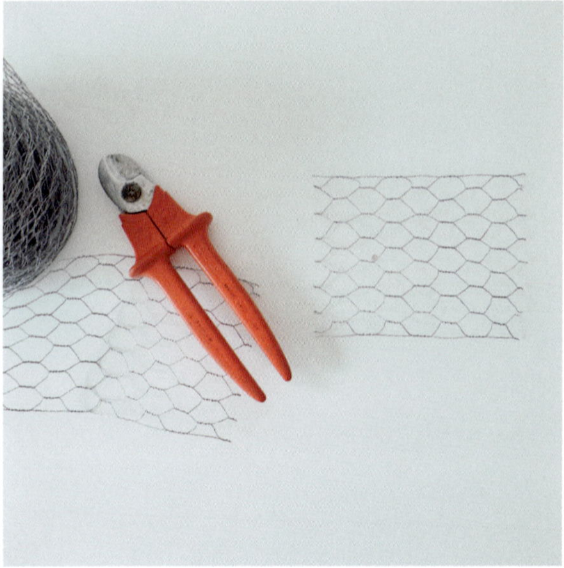

4. Avec la pince coupante, coupez un morceau de grillage à poule de 16 × 16 cm.

5. Coupez des petits morceaux de fil de fer fin et attachez avec ces petits morceaux, en plusieurs points, le carré de grillage à poule sur le cylindre afin de les assembler.

6. Repliez contre le cylindre les morceaux du carré qui dépassent.

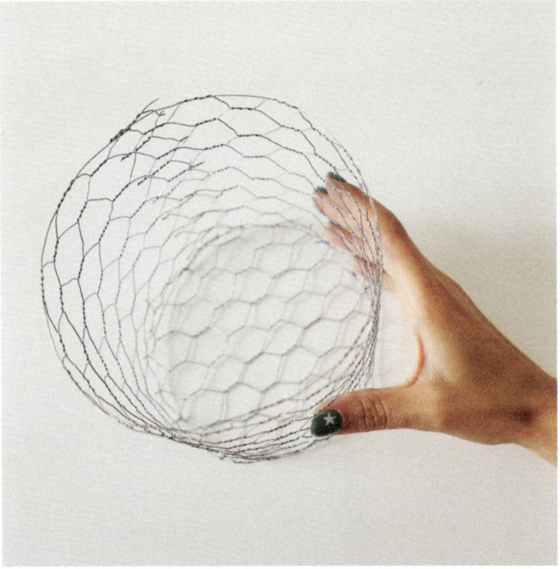

7. Ajustez la forme du cache-pot avec vos mains pour obtenir un cylindre régulier s'il ne l'est pas déjà. La structure est prête.

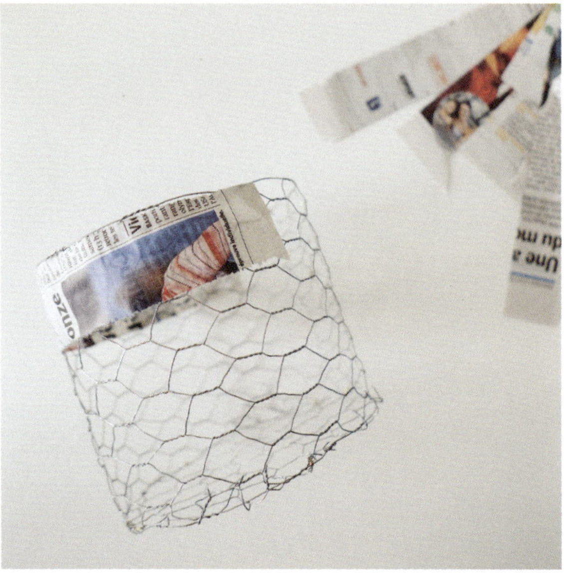

8. Déchirez des bandes de papier journal, puis recouvrez-en la structure en grillage à poule. Fixez-les avec la colle à papier mâché. Laissez sécher 24 heures. Renouvelez l'opération pour obtenir une seconde couche.

9. Placez ensuite des bandes de papier journal à cheval sur le rebord du cache-pot, comme sur la photo. Cette étape permet d'obtenir un joli rebord bien régulier.

LA DÉCORATION

10. Vernissez le cache-pot avec une couche de gesso. Laissez sécher.

11. Peignez le pot en bleu clair. Laissez sécher. Puis ajoutez des touches de blanc comme des formes géométriques abstraites pour décorer le cache-pot. Laissez sécher.

L'ASSEMBLAGE

12. Coupez un morceau de corde de 60 cm, passez-le dans l'aiguille à tissage et passez au travers du pot de l'extérieur vers l'intérieur en faisant un trou à 2 cm du bord avec l'aiguille.

13. Faites un nœud à 3 cm de l'extrémité de la corde qui est à l'extérieur du pot et effilochez le bout de la corde.

14. Faites un nœud sur la corde de l'autre côté à 4 cm du trou.

15. Enroulez du ruban adhésif à l'extrémité de la corde, puis enfilez la perle en bois sur la corde. Le ruban adhésif permet d'enfiler facilement la perle.

16. Faites un nœud sur la corde juste après la perle pour la fixer et éviter qu'elle ne coulisse. La perle est ainsi entourée par 2 nœuds de part et d'autre qui lui permettent de rester en place et apportent également une petite touche déco.
Répétez 2 fois les étapes 14 à 18 afin d'obtenir 3 cordes.

L'ASSEMBLAGE

17. Assemblez les 3 cordes avec un nœud d'arrêt. Pour cela, placez-les dans votre main droite en formant une boucle avec l'extrémité comme sur la photo.

18. Coupez un autre morceau de corde. Pliez-le en deux pour former une boucle que vous positionnez sous le pouce de votre main droite. Avec la main gauche, enroulez l'extrémité du brin que vous venez d'ajouter autour des cordes que vous tenez dans la main droite.

19. Après avoir réalisé 7 tours autour des cordes, passez l'extrémité de la corde dans la boucle qui était sous votre pouce.

20. Tirez sur l'autre extrémité pour resserrer la boucle et la faire disparaître sous les tours de corde que vous avez réalisés.

21. Coupez ensuite les morceaux de corde qui dépassent au ras du nœud.

10 Détente
7 erreurs
Ils l'ont dit
Yakazu
Solutions des jeux dans l'édition de demain
Quiz
Solutions du mardi 3 août 2024
Mots fléchés
Mot mystère
Sports
Charel Grethen prêt pour les demi-finales des JO
Le coin du geek
Météo
MATIN 12°
APRÈS-MIDI 20°
van Gogh
ACRYLIC

MERCREDI 4 AOÛT 2021 / LESSENTIEL.LU
Détente
Wordoku
7 erreurs
Nelson
DOCTEUR, JE SUIS INQUIET.
Môeuh !
MARKETING

Une lampe

C'est le *hit* de la décoration tendance : LA lampe en papier mâché ! Elle ne peut pas vous avoir échappé, on la voit partout. Alors pourquoi ne pas réaliser la vôtre, plutôt que de l'acheter ?

LE MATÉRIEL

- **1 carcasse d'abat-jour droite de 35 cm de haut × 30 cm de diamètre**
- **Du grillage à poule**
- **1 pince coupante**
- **1 pince plate**
- **Du fil de fer fin de 0,5 mm ou 1 mm**
- **Du papier journal**
- **1 paire de ciseaux**
- **1 pinceau**
- **De la peinture blanche (acrylique)**
- **Du ruban adhésif de peinture**
- **1 fil électrique avec interrupteur**
- **1 douille à vis pour abat-jour : douille à vis + bague de fixation**
- **1 douille**
- **1 petit tournevis plat**
- **De la colle à papier mâché (voir p. 31)**
- **Du gesso**

LE PIED DE LA LAMPE

1. Avec la pince coupante, coupez 2 morceaux de 60 cm de long dans le grillage à poule. Le mien fait 15 cm de haut. Si le vôtre est plus grand, vous aurez peut-être besoin d'un seul morceau. Une fois les 2 morceaux assemblés, vous devrez en obtenir un de 30 × 60 cm (voir étape 2).

2. Assemblez les 2 morceaux l'un sur l'autre pour obtenir un grand morceau de 30 × 60 cm. Pour les assembler, formez-les en cylindre, qui doit faire 18 cm de diamètre. Attachez-les ensemble avec le fil de fer et la pince plate. Pour cela, découpez de petits morceaux de fil de fer fin de 4 cm, passez-les au travers des mailles du grillage à poule et serrez en utilisant la pince plate. Tournez le fil de fer pour le serrer.

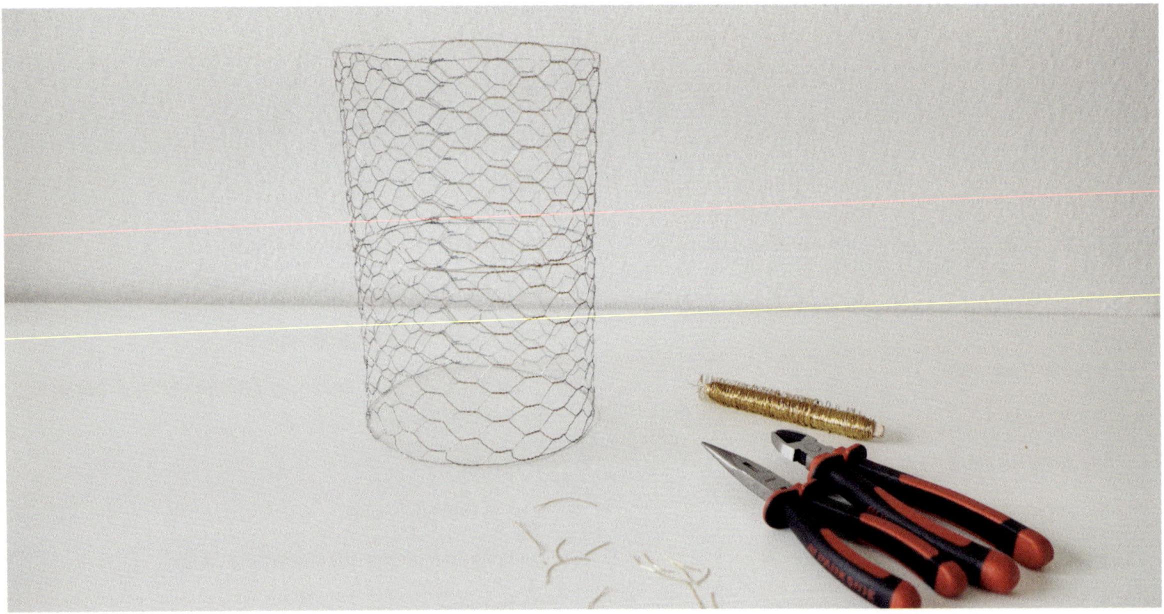

3. Vous devez obtenir un grand cylindre de 18 cm de diamètre × 30 cm de hauteur, comme sur la photo.

L'ABAT-JOUR

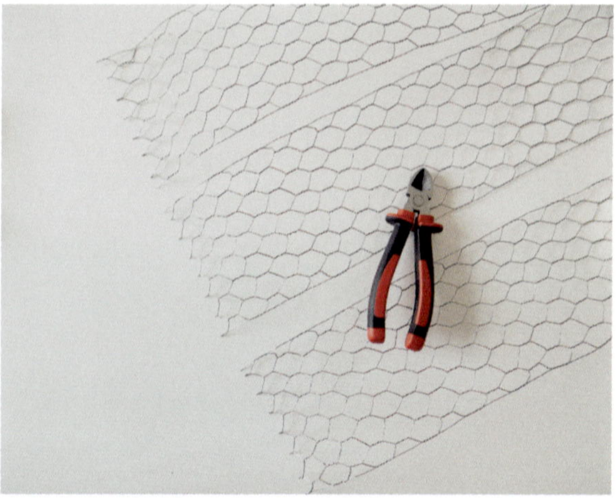

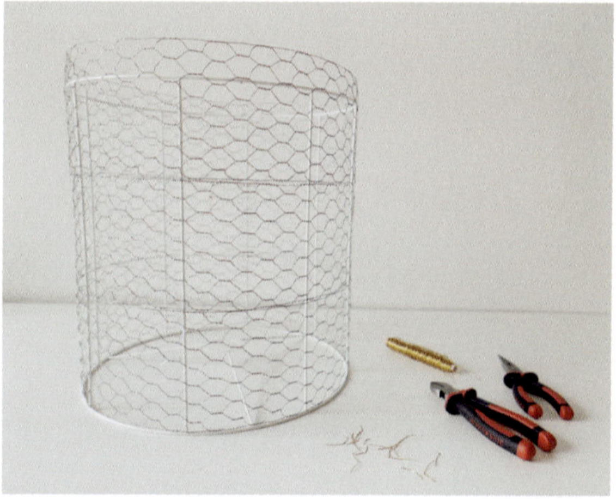

4. Positionnez le grillage à poule autour de l'abat-jour pour mesurer la longueur nécessaire à découper afin de faire le tour complet de l'abat-jour. Coupez 3 morceaux de 15 cm de haut de grillage à poule pour recouvrir la totalité de l'abat-jour. Comme à l'étape 1, si votre grillage à poule est plus grand que le mien, vous aurez peut-être besoin d'un seul ou de 2 morceaux. Le but étant de recouvrir entièrement l'abat-jour.

5. Fixez les morceaux de grillage à poule avec le fil de fer fin et la pince plate comme indiqué à l'étape 2. Vous devez recouvrir la totalité de l'abat-jour, comme sur la photo.

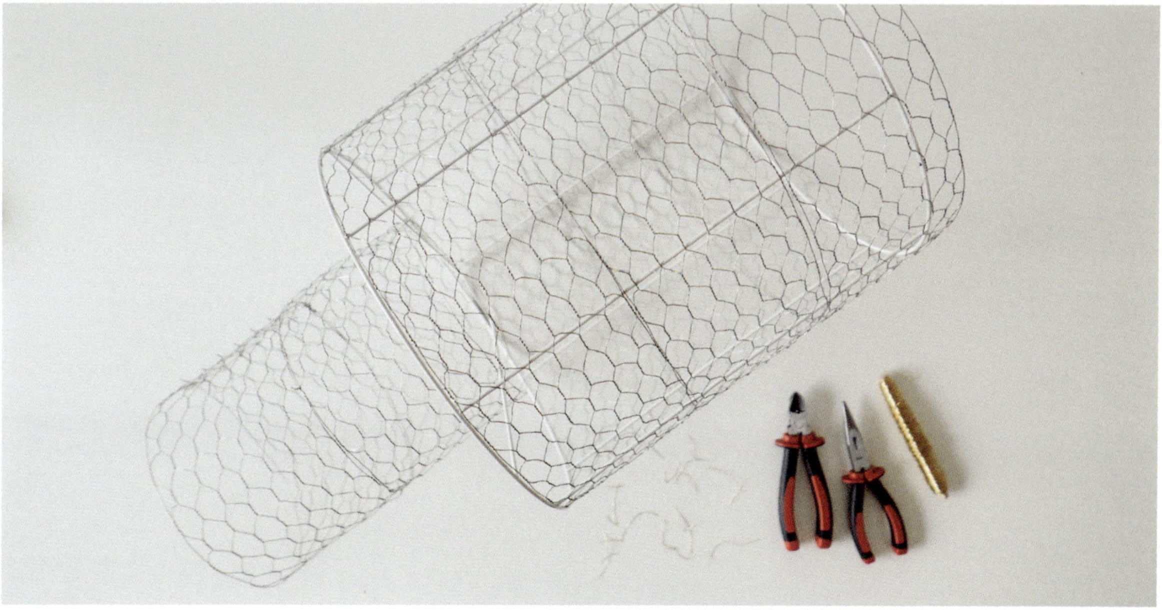

6. Attachez ensuite le pied et l'abat-jour ensemble, toujours en utilisant la technique décrite à l'étape 2.

LE SYSTÈME ÉLECTRIQUE

7. Positionnez la bague de fixation sur l'abat-jour.

8. Ajoutez le fourreau vissant de la douille à vis.

9. Vissez la bague de fixation.

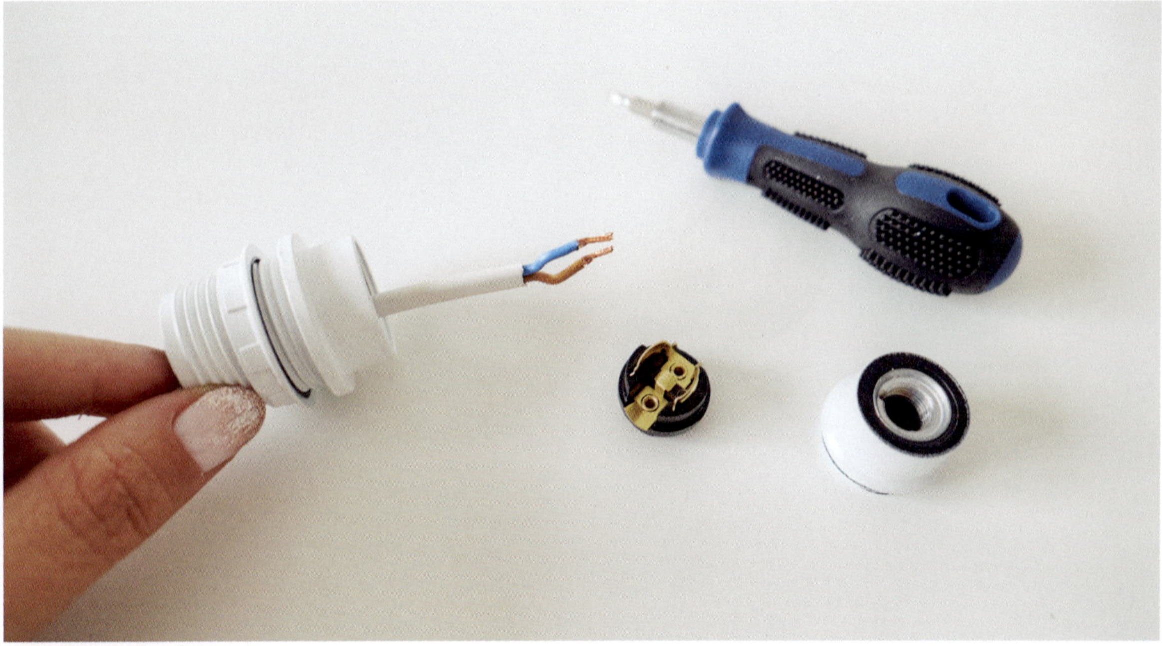

10. Passez ensuite le fil dans le pied de l'abat-jour, puis au travers de la douille à vis du bas vers le haut. Je vous montre cette étape sans le corps de la lampe pour plus de clarté, mais vous devez la réaliser directement sur la lampe.

11. Glissez le bout dénudé des fils électriques dans le corps de la douille à l'aide du tournevis. Ne serrez pas trop fort.

12. Insérez le corps de la douille dans le fourreau à douille.

13. Puis vissez le culot. Vous devez obtenir le montage sur la photo mais cela sur votre abat-jour.

LE PAPIER MÂCHÉ

14. Recouvrez maintenant toute la structure du grillage à poule avec des bandes de papier journal. Positionnez les bandes à l'horizontale. Pour coller les bandes, trempez-les une par une dans la colle à papier mâché et positionnez-les l'une à côté de l'autre en les chevauchant légèrement. Faites une première couche. Laissez sécher 24 heures. Faites une seconde couche. Laissez à nouveau sécher 24 heures.

15. Vous obtenez ainsi la structure entièrement recouverte, comme sur la photo.

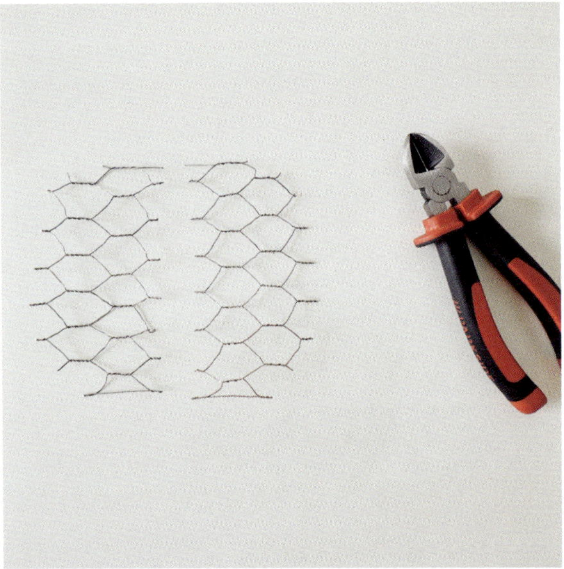

16. Découpez un cercle de 15 cm de diamètre dans le grillage à poule, puis coupez-le en 2 demi-cercles égaux.

17. Attachez un demi-cercle de chaque côté du pied de la lampe avec le ruban adhésif de peinture pour former des « oreilles ».

18. Recouvrez les « oreilles » avec des bandes de papier journal. Laissez sécher 24 heures. Réalisez une seconde couche. Laissez à nouveau sécher 24 heures.

19. Faites un trou à la base de la lampe pour faire passer le fil. Pour cela : avec la pince coupante, coupez le grillage à poule et découpez ensuite un petit arc de cercle avec les ciseaux.

LA DÉCORATION

20. Peignez la lampe en blanc. Selon la capacité couvrante de votre peinture, vous devrez peut-être réaliser 2 ou 3 couches. Votre lampe est prête !

CHAPITRE 4

LE PAPIER MÂCHÉ SUR TAMIS

Dans ce chapitre, vous utiliserez le tamis pour créer des formes en pâte à papier mâché et voir naître des objets de décoration, ou bien même des bijoux !

UNE DÉCORATION MURALE GÉOMÉTRIQUE

Créez des formes géométriques en papier mâché et assemblez-les pour réaliser une décoration murale originale. Ajoutez une touche de raphia pour lui donner un côté bohème.

LE MATÉRIEL

- **1 paire de ciseaux**
- **7 cure-dents**
- **1 aiguille à gros chas**
- **1 torchon**
- **1 boîte d'œufs**
- **Du raphia**
- **1 tamis**
- **1 pinceau**
- **De la peinture noire (acrylique)**
- **De la peinture jaune moutarde (acrylique)**
- **De la pâte à papier mâché (voir p. 23)**

1. Pour réaliser les formes, placez le tamis sur un torchon afin que celui-ci absorbe l'eau de la pâte à papier. Modelez la pâte à papier avec les doigts pour obtenir 3 formes géométriques, d'environ 5 cm d'envergure chacune. Pour cela, disposez directement la pâte à papier sur le tamis et donnez-lui ensuite la forme voulue.

ASTUCE

▶ **Les formes peuvent en réalité faire la taille de votre choix selon la taille de votre tamis. Vous pouvez donc réaliser une déco plus ou moins grande.**

2. Pour les trous, ajoutez 7 cure-dents pour former 7 trous, comme sur la photo. Lorsque vous piquez chaque cure-dent, écartez bien les fibres de la pâte autour du cure-dent.

3. Placez le tamis en hauteur sur un support pour laisser passer l'air en dessous. Laissez sécher 24 heures.

PAS À PAS

4. Une fois que les formes sont sèches, décollez-les délicatement du tamis et retirez les cure-dents.

5. Peignez en jaune moutarde le demi-cercle du bas. Laissez sécher.

6. Peignez en noir le cercle du haut. Laissez sécher.

7. À l'aide de la paire de ciseaux, retirez le surplus de pâte à papier pour égaliser les bords des formes et les rendre plus régulières.

ASSEMBLAGE

8. Coupez un morceau de raphia de 60 cm. Enfilez une extrémité dans le trou situé en haut du demi-cercle jaune.

9. Passez le raphia de l'avant vers l'arrière dans le trou du bas du 2nd demi-cercle, qui n'a pas été peint.

10. Passez le raphia dans le trou du haut du demi-cercle non peint, mais cette fois, de l'arrière vers l'avant.

11. Puis passez également le raphia dans le cercle noir en suivant le même schéma que pour le demi-cercle précédent. Votre fil de raphia doit ressortir vers l'arrière.

12. Coupez 3 morceaux de raphia de 20 cm. Retournez la décoration murale. Pliez-les morceaux de raphia en deux et passez la boucle dans les trous du bas de l'avant (côté peint en jaune), vers l'arrière.

13. Passez les extrémités des morceaux de raphia dans chacune des boucles et serrez pour obtenir des nœuds à tête d'alouette, comme sur la photo.

FINITIONS

14. Faites un nœud à l'arrière du demi-cercle jaune pour bloquer le bout du raphia.

15. Repliez sur lui-même le morceau de raphia qui sort en haut du cercle noir et attachez-le à l'arrière pour former une boucle qui vous servira à suspendre la décoration.

16. Effilochez le raphia pour lui donner plus de volume et, si nécessaire, égalisez ensuite les brins avec les ciseaux.

des mots
à planter...

UNE CARTE POSTALE À SEMER

Un petit mot à poster ? Réalisez une carte postale à semer en recyclant une boîte d'œufs et en y ajoutant des graines à planter pour pouvoir la recycler elle aussi. J'adore cette idée de pouvoir transformer une boîte d'œufs en jolies fleurs...

LE MATÉRIEL

- **1 paire de ciseaux**
- **1 boîte d'œufs**
- **Des graines à semer**
- **1 feutre noir**
- **1 torchon**
- **1 tamis**
- **1 saladier**
- **De la pâte à papier mâché (voir p. 23)**

1. Mettez le tamis sur un torchon afin que celui-ci absorbe l'eau qui va s'écouler de la pâte à papier. Commencez par placer de la pâte à papier au centre et écrasez-la du bout des doigts pour en faire sortir l'eau et lui donner une épaisseur de 3 ou 4 mm.

2. Continuez à ajouter de la pâte et étalez-la jusqu'à obtenir la forme que vous souhaitez pour votre carte postale. Vous pouvez faire un rectangle ou un carré plus ou moins grand selon vos envies. Pour ma part, j'ai rempli mon tamis carré de 15 × 15 cm. Si vous n'utilisez pas le bord du tamis, comme moi, vous pourrez ensuite égaliser aux ciseaux les bords de la carte postale si nécessaire.

3. Semez les graines à la surface du papier mâché avant qu'il ne sèche.

4. Écrasez délicatement du bout des doigts les graines pour les faire pénétrer dans la matière de la pâte à papier et ainsi les fixer dedans.

5. Placez le tamis sur un support en hauteur afin de faire circuler l'air en dessous et ainsi faire sécher la carte postale pendant 24 heures.

6. Une fois sèche, démoulez délicatement la carte postale du tamis.

ASTUCE

▶ **Pour ne pas casser la carte, appuyez à l'arrière du tamis avec le bout des doigts pour qu'elle se détache doucement, puis soulevez à l'avant en décollant progressivement.**

7. Avec le feutre noir, écrivez un mot doux sur la carte postale. J'ai choisi d'écrire ici « Des mots à planter… ».

Des boucles d'oreilles tendance

Des boucles d'oreilles en papier, légères comme des plumes et tendance comme jamais ! Dans ce projet, je vous propose de réaliser des bijoux d'oreilles à base de pâte à papier et décorées avec une touche de feuille d'or.

LE MATÉRIEL

- 1 paire de ciseaux
- 1 tamis
- 2 cure-dents
- 1 paire d'attaches pour boucles d'oreilles
- 2 anneaux à bijoux ouverts de 5 × 0,70 mm
- 1 pince à bijoux
- Des feuilles d'or en paillettes
- 1 pinceau
- Du vernis universel de protection en spray
- 1 torchon
- De la pâte à papier mâché (voir p. 23)

1. Commencez par modeler les formes. Mettez le tamis sur le torchon afin que celui-ci absorbe l'excédent d'eau qui s'échappera de la pâte à papier. Avec la pâte à papier, formez 2 cercles d'environ 3 cm de diamètre, les plus semblables et les plus fins possibles. Utilisez vos doigts pour bien aplatir uniformément la pâte à papier.

2. Piquez un cure-dent dans chaque cercle en le plaçant le plus près du bord, mais en veillant à garder suffisamment de matière entre le bord et le cure-dent pour ne pas que la boucle d'oreille se casse ensuite à l'utilisation.

3. Placez le tamis sur un support en hauteur afin de laisser l'air circuler en dessous et ainsi favoriser le séchage. Laissez sécher 24 heures.

4. Une fois secs, décollez délicatement les cercles du tamis.

5. Humidifiez le pinceau et la surface du cercle là où vous souhaitez déposer les paillettes d'or. Prélevez avec le bout du pinceau un peu de feuille d'or et appliquez sur le papier mâché. Renouvelez l'opération jusqu'à obtenir un motif qui vous plaît. Laissez sécher.

À SAVOIR

- **Attention à ne pas trop humidifier la pâte à papier à cette étape car elle est déjà fine et peut devenir cassante.**

6. Égalisez les cercles avec la paire de ciseaux.

7. Avec la pince à bijoux, ouvrez un anneau et passez-le dans le trou du cercle. Faites de même sur l'autre cercle.

8. Enfilez l'attache pour boucle d'oreille dans l'anneau et refermez avec la pince à bijoux. Répétez cette opération pour la seconde boucle d'oreille.

9. Vaporisez le vernis de protection en vous plaçant à 10 cm des boucles d'oreilles. Laissez sécher environ 15 minutes, puis renouvelez l'opération deux fois afin d'obtenir 3 couches de vernis. Les boucles d'oreilles sont prêtes !

ASTUCE

▶ **Préférez l'utilisation d'un vernis mat et à base d'eau.**

Chapitre 5

Le papier mâché sur support libre

S'approprier un support pour le magnifier avec du papier et laisser son imagination confectionner un objet unique... Le papier mâché sur support libre permet cela en offrant des milliers de possibilités.

Un miroir effet béton

Les miroirs aux formes asymétriques ont envahi nos intérieurs ces dernières années. *Exit* les coins carrés, la tendance est aux formes ovoïdes et aux entourages texturés. Je vous propose donc de moderniser votre miroir en lui ajoutant de la matière pour créer sur celui-ci un effet béton avec du papier mâché et de la peinture magique.

LE MATÉRIEL

- **1 miroir rond (ici, 80 cm de diamètre)**
- **1 morceau de carton carré de la taille du miroir**
- **1 cutter**
- **De la colle forte**
- **Des magazines**
- **De la peinture beige (acrylique)**
- **Du bicarbonate de soude alimentaire (pas plus de plus de 250 g)**
- **1 pinceau**
- **1 crayon à papier**
- **De la colle à papier mâché (voir p. 31)**

1. Préparez le support : placez le miroir sur le morceau de carton et tracez son contour avec le crayon.

2. Avec le cutter, découpez le cercle sur le carton en suivant le trait précédemment tracé.

PAS À PAS

3. Tracez sur le carton 2 lignes curves irrégulières de chaque côté du cercle.

4. Découpez les formes avec le cutter.

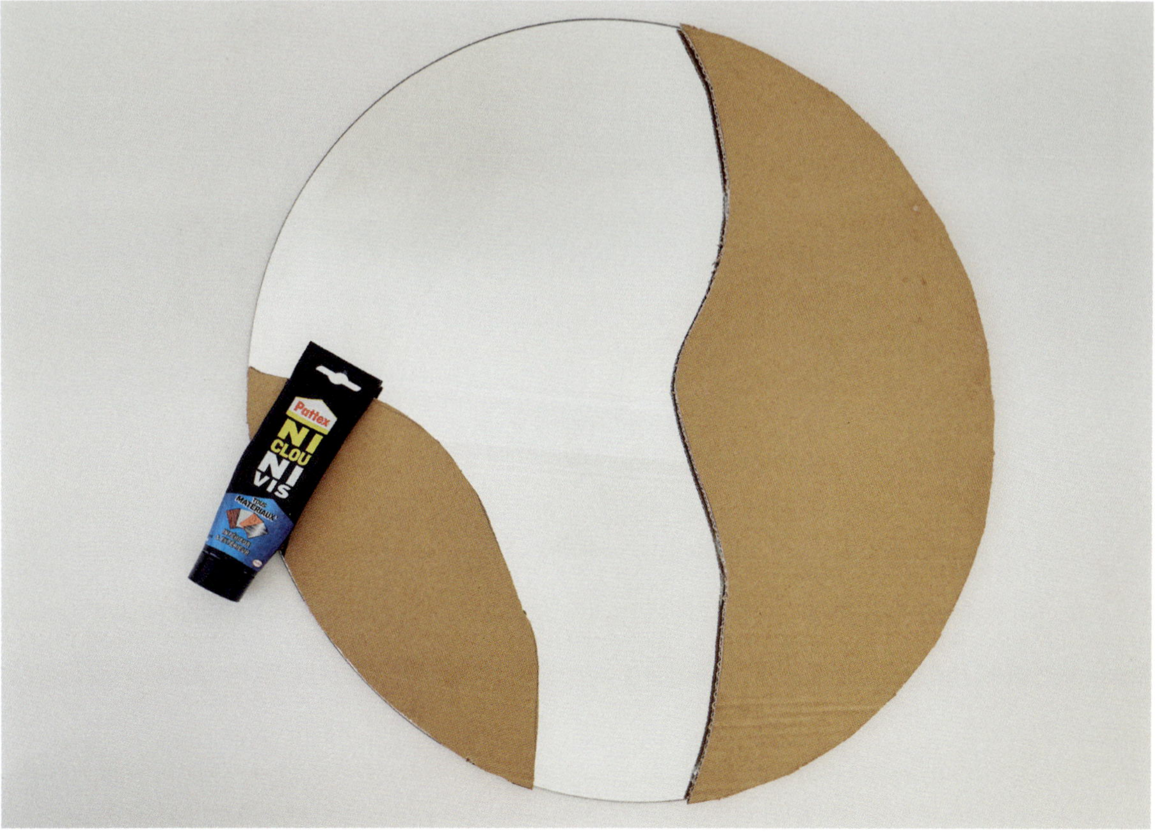

5. Collez les formes avec la colle forte sur le miroir.

6. Passez maintenant au papier mâché. Déchirez des bandes de papier dans un magazine.

7. Collez les bandes de magazine sur les formes en carton avec la colle à papier mâché. Recouvrez bien toute la surface du carton. Sur les bords, utilisez des petits morceaux afin de bien épouser les courbes des formes. Laissez sécher 24 heures.

ASTUCE

▶ **Ne positionnez pas les bandes à plat. Froissez-les en les appliquant sur le carton afin d'obtenir le même effet que sur la photo.**

8. Versez de la peinture dans une assiette, puis ajoutez un peu de bicarbonate alimentaire dans la peinture.

9. Mélangez le bicarbonate alimentaire avec la peinture. Ajoutez-en jusqu'à obtenir une pâte bien granuleuse. Ajustez le mélange en fonction de votre goût, plus ou moins de matière.

10. Peignez le papier journal avec la peinture au bicarbonate. Laissez sécher.

11. Appliquez une seconde couche de peinture si nécessaire en tapotant votre pinceau dans les trous formés par le papier journal pour tous les boucher. Laissez sécher.
Le miroir est prêt à être accroché !

Des récipients upcyclés

Le papier mâché permet de réaliser de nombreuses formes simplement. Dans ce projet, amusez-vous à customiser des récipients que vous aurez récupérés pour leur trouver une nouvelle utilisation. Créez 3 types d'anses en papier mâché et peignez le tout ensuite avec de la peinture au bicarbonate de soude pour leur donner une touche texturée digne d'une vraie poterie.

LE MATÉRIEL

- **6 feuilles de papier journal**
- **1 pinceau**
- **De la peinture blanche (acrylique)**
- **De la peinture jaune pâle (acrylique)**
- **De la peinture ocre (acrylique)**
- **Du bicarbonate alimentaire (pas plus de 250 g)**
- **1 paire de ciseaux**
- **Du ruban adhésif de peinture**
- **3 récipients récup' en verre : ici une bouteille d'huile d'olive, une bouteille de soupe, une bouteille de jus de fruit (cette technique convient aussi pour des contenants en plastique)**
- **De colle à papier mâché (voir p. 31)**

LES ANSES TRESSÉES

1. Roulez une feuille de papier journal dans sa diagonale en partant d'une pointe vers l'autre pointe, comme sur la photo. Répétez cette étape 5 fois avec les autres feuilles de papier journal afin d'obtenir 6 rouleaux.

2. Collez la pointe de chaque bande avec un peu de colle à papier mâché. Laissez sécher un petit moment jusqu'à ce que la pointe colle bien.

ASTUCE

▶ **Vous pouvez aussi utiliser un sèche-cheveux pour accélérer le séchage.**

PAS À PAS

3. Assemblez les pointes de 3 bandes avec du ruban adhésif de peinture, comme sur la photo.

4. Tressez les bandes ensemble en veillant à ne pas trop serrer pour ne pas casser le papier.

5. Ajoutez un morceau de ruban adhésif de peinture à la fin de la tresse pour l'arrêter. Réservez cette anse tressée pour l'étape 8.

LES ANSES RONDES

6. Avec 2 bandes de papier journal, formez 2 ronds identiques. Fixez-les avec de la colle à papier à papier mâché et laissez sécher. Réservez ces anses pour l'étape 8.

LES ANSES AMPHORE

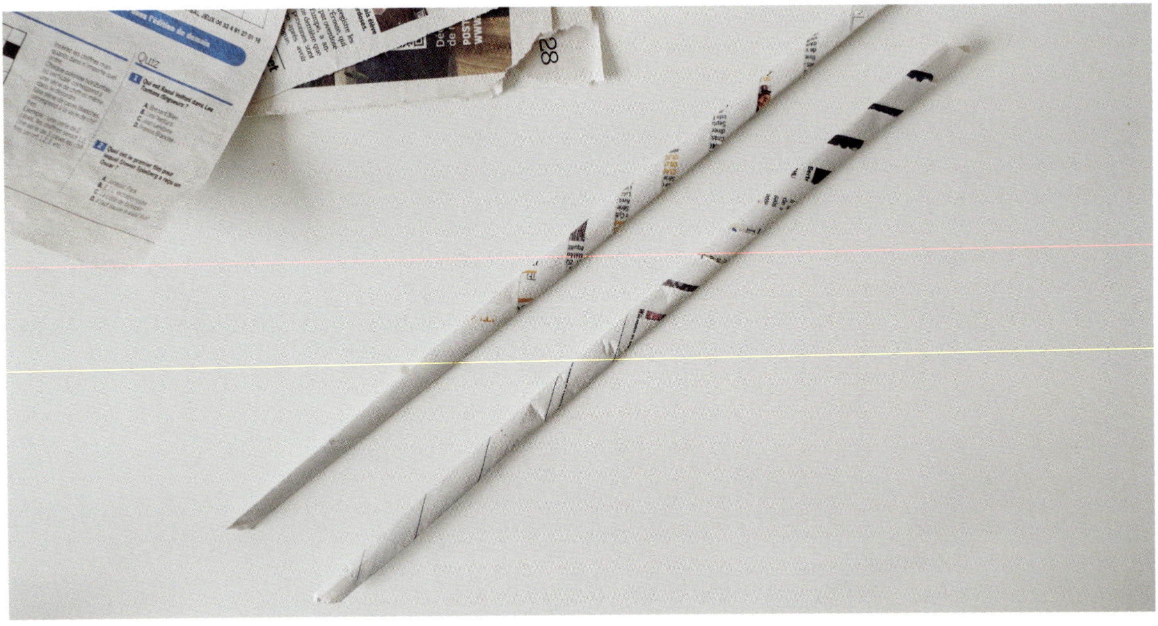

7. Faites 2 rouleaux avec des feuilles de papier journal (comme aux étapes 1, 2 et 3) que vous formerez directement sur le récipient. Conservez-les pour l'étape suivante.

8. Trempez toutes les anses dans la colle à papier mâché. Essorez-les bien entre vos doigts afin d'enlever le surplus de colle. Elles doivent être recouvertes seulement d'une fine couche de colle.

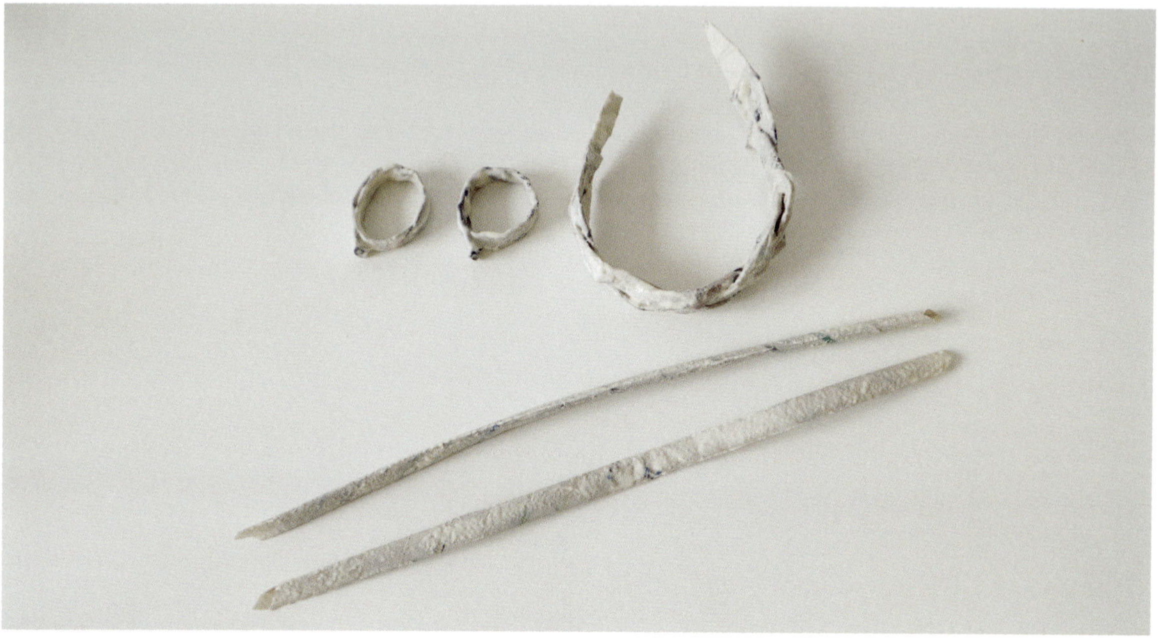

9. Déposez les anses sur une surface plane et laissez sécher 24 heures, ou utilisez un sèche-cheveux pour accélérer leur séchage.

10. Collez les anses avec le ruban adhésif de peinture sur les récipients en verre.

- Pour l'anse tressée : fixez-la au niveau du goulot de la bouteille.
- Pour les anses rondes : fixez-les de chaque côté de la bouteille en veillant à les placer l'une en face de l'autre.
- Pour les anses amphore : fixez-les de chaque côté de la bouteille en leur donnant directement une forme de grande anse. Fixez d'abord le haut perpendiculaire au goulot de la bouteille avec du ruban adhésif, puis fixez le bas à plat sur 3 cm au niveau du cul de la bouteille. Placez bien les 2 anses l'une en face de l'autre.

Avec les ciseaux, recoupez les morceaux de bandes qui dépassent si nécessaire.

11. Passez à la peinture : déposez l'équivalent de 3 grosses noisettes de chaque couleur de peinture (ocre, blanche et jaune pâle) dans une assiette. Ajoutez du bicarbonate en mélangeant petit à petit jusqu'à obtenir la consistance granuleuse de votre choix. Plus la peinture sera granuleuse, plus vous obtiendrez un effet « terre cuite ».

12. Peignez chaque récipient d'une couleur différente. Appliquez la peinture en couche généreuse comme un enduit. Laissez sécher 12 heures. C'est prêt à l'emploi !

des mots
à planter
...

Un collier de perles

Réalisez un collier de perles en papier ! Léger et facile à créer, vous serez fière d'avoir façonné vos propres perles.

LE MATÉRIEL

- Du journal (feuilles de petits magazines de 18 × 25 cm)
- 10 cure-dents
- De la peinture couleur nude (acrylique)
- 1 pinceau
- 1 paire de ciseaux
- 1 pince coupante
- 1 pince plate
- 60 cm de chaîne dorée de 2,3 mm
- 1 fermoir à ressort doré de 6 mm
- 3 anneaux ouverts de 4 × 0,70 mm
- 1 pendentif de votre choix
- 1 crayon à papier
- 1 règle
- De la colle blanche ou un pistolet à colle
- De la colle à papier mâché (voir p. 31)
- Du gesso

LES PERLES

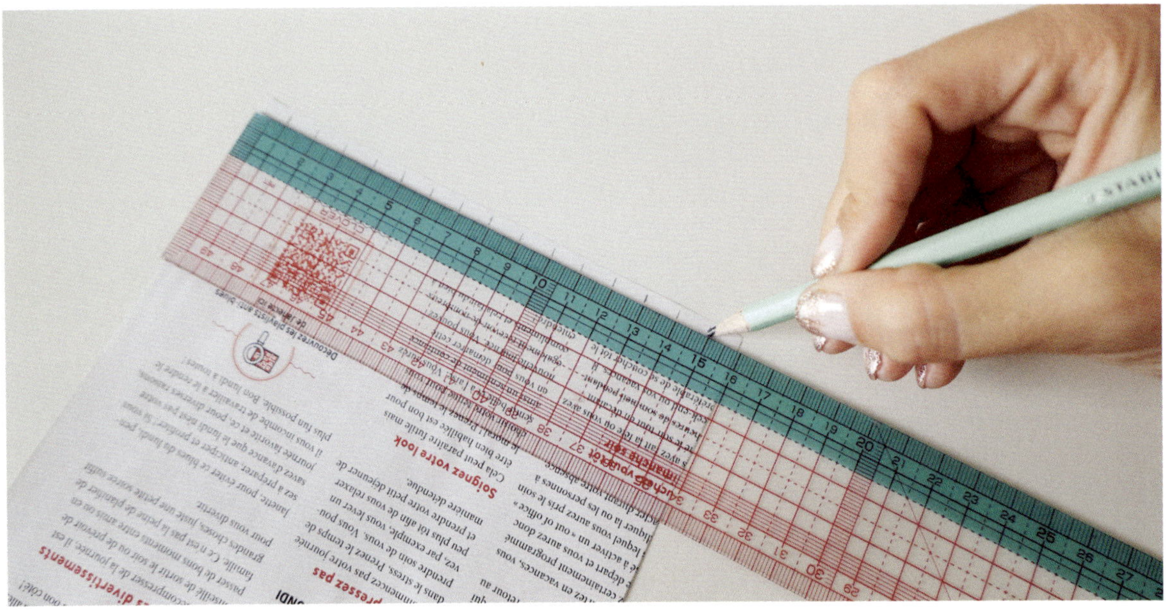

1. Avec le crayon et la règle, sur une feuille de magazine, marquez des points de repère tous les centimètres sur les 2 côtés de 18 cm.

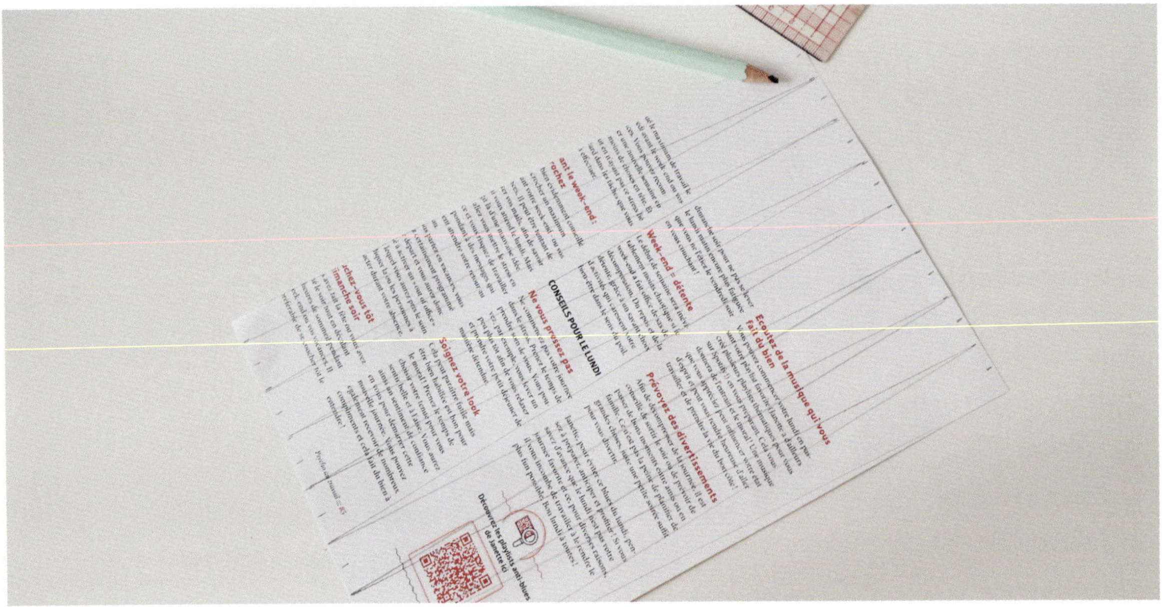

2. Tracez ensuite tous les 2 cm une ligne droite en diagonale rejoignant le repère suivant en face. Vous obtenez ainsi un quadrillage de « triangles », comme sur la photo.

PAS À PAS

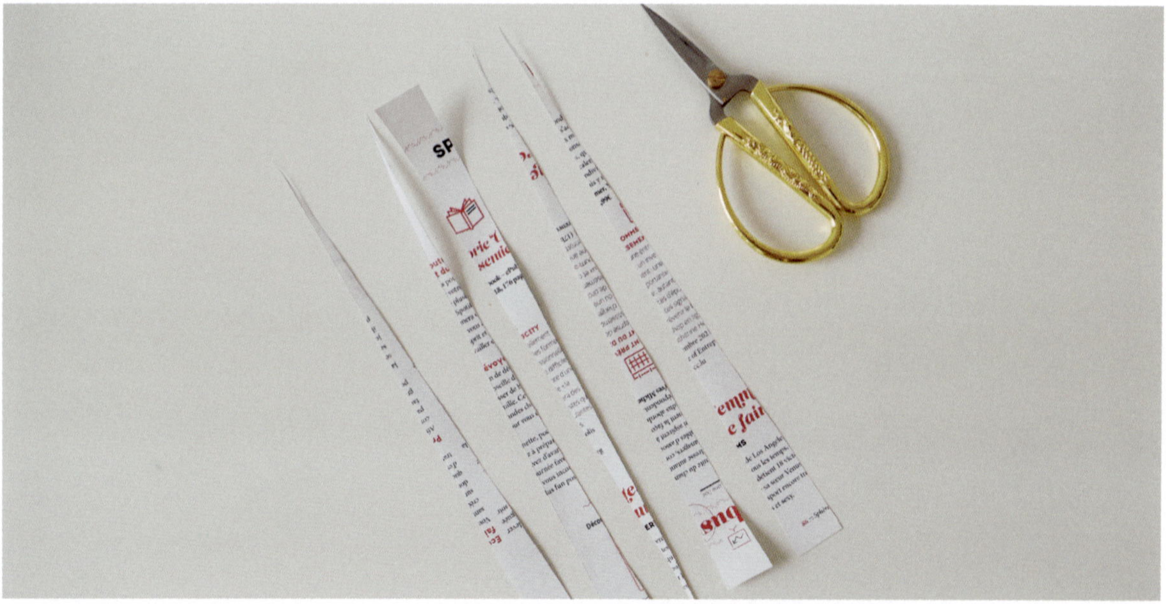

3. Assemblez les pointes de 3 bandes avec du ruban adhésif de peinture, comme sur la photo. Découpez les bandes de magazine en suivant les traits. Vous aurez besoin de 5 bandes seulement.

4. Prenez 2 cure-dents et enroulez une bande autour. Commencez par enrouler la partie la plus large de la bande pour terminer par la pointe. Serrez bien tout le long de l'opération en veillant toujours à centrer la bande pour que la pointe se retrouve bien au milieu à la fin. Collez la pointe pour la maintenir.
Répétez cette étape 4 fois afin d'obtenir 5 perles au total.

5. Vernissez de gesso les 5 perles et laissez sécher 24 heures.

6. Retirez les cure-dents des perles.

7. Peignez les perles avec la peinture nude. Passez 1 ou 2 couches selon la capacité couvrante de votre peinture. Laissez sécher.

OPTION

▶ **Vous pouvez les vernir avec un vernis mat transparent pour plus de tenue dans le temps.**

8. Enfilez les perles sur la chaîne.

LE FERMOIR

9. Avec la pince plate, ouvrez un anneau et glissez-le à l'extrémité de la chaîne.

10. Séparez le fermoir en 2 parties et installez la partie avec le ressort dans l'anneau, puis refermez l'anneau délicatement en le pressant entre les mâchoires de la pince.

11. Avec la pince plate, ouvrez un anneau et glissez-le à l'autre l'extrémité de la chaîne.

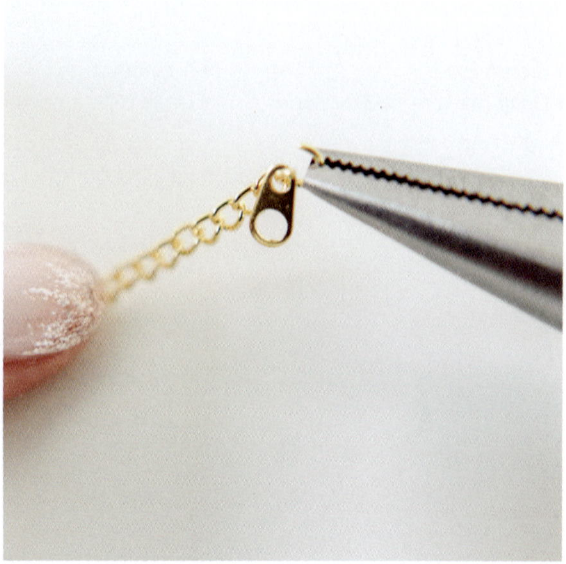

12. Passez l'autre partie du fermoir dans l'anneau, puis refermez l'anneau délicatement en le pressant entre les mâchoires de la pince.

13. Pliez la chaîne en deux en glissant toutes les perles d'un côté et ajoutez au milieu le pendentif. Pour cela, prenez un anneau, ouvrez-le avec la pince plate et glissez-le dans un des maillons de la chaîne, puis ajoutez le pendentif et refermez. C'est la même technique que celle utilisée aux étapes précédentes.

OPTION : DES PERLES RONDES EN PÂTE À PAPIER

Vous pouvez aussi réaliser des perles rondes avec de la pâte à papier mâché.
Pour cela, il vous faudra :

- 5 cure-dents
- De la peinture couleur nude
- 1 pinceau
- De la pâte à papier mâché (voir p. 23)

1. Avec la pâte à papier mâché, formez 5 boules de taille similaire autour des 5 cure-dents. Malaxez la pâte entre vos doigts autour du cure-dent pour lui donner une belle forme ronde. Laissez sécher 24 heures.

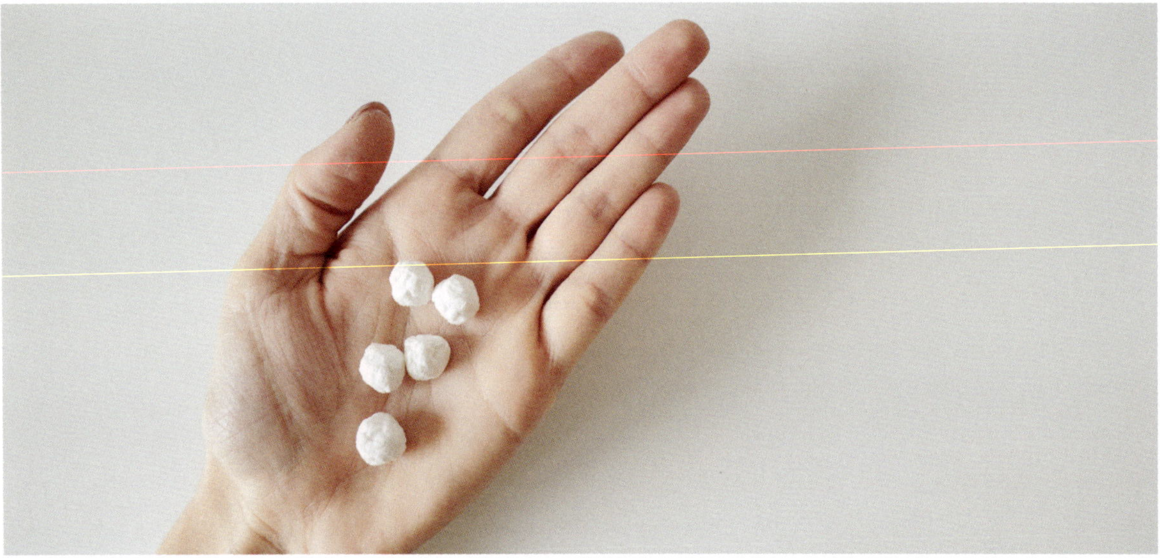

2. Retirez les boules des cure-dents.

3. Peignez les boules avec la peinture nude. Une seule couche peut suffire. Laissez sécher.

4. Les perles sont prêtes, vous pouvez les enfiler maintenant sur la chaîne.

ASTUCE

▶ **Si la chaîne a du mal à glisser dans la perle, aidez-la en la poussant dans le trou avec un cure-dent.**

Une nature morte

Maintenant que vous êtes une pro du papier mâché, c'est le moment de réunir pour ce projet toutes les techniques que vous avez apprises dans ce livre pour créer une nature morte. Un tableau abstrait aux formes arrondies et en relief grâce à l'ajout de papier mâché.

LE MATÉRIEL

- **1 toile de 40 × 50 cm**
- **Le motif (voir p. 176)**
- **1 crayon à papier**
- **Du papier journal**
- **1 magazine**
- **De la peinture vert suranné (acrylique)**
- **1 pinceau**
- **De l'essuie-tout**
- **De la colle à papier mâché (voir p. 31)**
- **De la pâte à papier mâché (voir p. 23)**

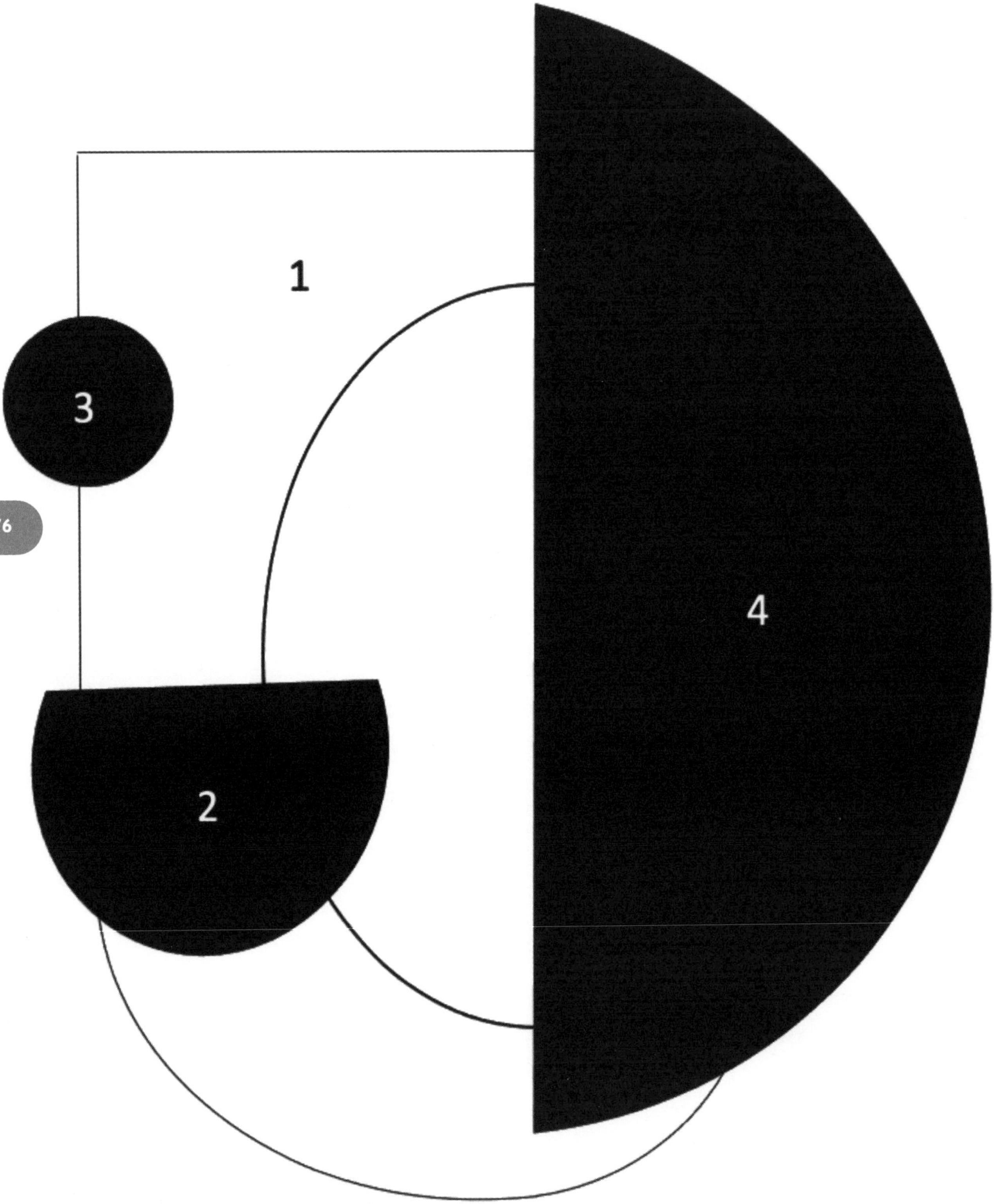
1
3
4
2

1. Avec le crayon à papier, reproduisez le motif de la page ci-contre sur la toile. Vous pouvez le faire à main levée si vous êtes bon dessinateur ou bien décalquer le motif à travers la toile en plaçant une source lumineuse derrière celle-ci.

LE FOND

2. Peignez en vert la partie 1, comme sur la photo. Pensez à bien faire les bords du motif, puis remplissez le centre. Laissez sécher.

3. Appliquez une seconde couche de peinture. Laissez sécher.

4. Découpez des bandes de papier journal dans un motif de journal qui vous plaît. Vous pouvez les découper à la règle et ensuite les déchirer en plus petits morceaux à la main pour pouvoir remplir la forme de la partie 2 plus facilement.

À SAVOIR

▶ **Vous ne peindrez pas le journal pour conserver l'aspect minimaliste et brut de la matière.**

5. Avec la colle à papier mâché, collez-les sur la partie 2. N'appliquez qu'une seule couche, mais veillez bien à boucher tous les trous. Laissez sécher 24 heures.

6. Découpez 2 ou 3 bandes de papier journal.

7. Déchirez-les en plus petits morceaux, puis collez-les avec la colle à papier mâché dans la partie 3. Froissez-les pour obtenir du volume comme à l'étape 7 du projet « Miroir en béton » (voir p. 152). Laissez sécher 24 heures.

8. Appliquez une couche épaisse de pâte à papier mâché dans la partie 4. Épongez régulièrement le surplus d'eau qui s'échappe de la pâte à papier avec l'essuie-tout afin de ne pas tacher le reste de la toile et de ne pas faire couler d'eau sur la peinture verte. Laissez sécher 24 heures.

Élise Maillet
aka Les Lovers Deco
ALMANACH
100 % Do It Yourself
FACILE
avec creapassions.com
TISSAGES

Défi papier mâché Récipients customisés

Ne jetez plus ! Bidon de lessive, pot de confiture, pot de yaourt, bouteille de lait, en plastique ou en verre, donnez-leur une seconde vie. Recyclez vos récipients en tout genre pour en faire de jolis contenants modernes et réutilisables.

Le but de ce challenge est de réveiller votre créativité, mais aussi de tester les compétences que vous avez assimilées et acquises au travers des projets DIY de ce livre.

COMMENT ÇA MARCHE ?

Je vous donne un thème, une liste de matières, et je vous impose un support. Ensuite, c'est à vous !

LE DEAL

Une fois votre réalisation terminée, partagez-la sur les réseaux sociaux avec le hashtag : #defipapiermachecreapassions et en taguant le compte de @creapassions et le mien @lesloversdeco afin que je puisse vous identifier.
Régulièrement, je voterai avec la team CréaPassions pour les DIY les plus créatifs et les gagnants auront la chance de recevoir un petit cadeau.
Prêt pour le défi papier mâché ?

LE THÈME

Customiser des récipients vides.

LE SUPPORT

Récipient en verre ou en plastique.
Le récipient devient le support de votre papier mâché, le but étant de transformer un simple récipient en objet déco et ainsi lui donner une seconde vie !

LA TECHNIQUE

Vous devez obligatoirement utiliser la technique de la colle à papier mâché ou bien celle de la pâte à papier mâché pour recouvrir le récipient.

Mettez en pratique tout ce que vous avez appris dans ce livre !

MON CARNET D'ADRESSES

Les apprêts pour les bijoux : Perles and co
Les graines à planter : Botanic
Le matériel créatif : I Make et Zodio

REMERCIEMENTS

Merci à tous ceux qui ont eu l'audace de me faire confiance pour acheter ce livre et créer ensemble ces DIY en papier mâché. Si vous lisez ces lignes, c'est que vous avez compris, comme moi, que le papier mâché est une technique qui va bien au-delà de la création de la simple marionnette, c'est tendance et infini !

À Mélanie @melanieandnails pour avoir réalisé toutes mes manucures et m'avoir suivie dans mes délires ongulaires.

À Charles et Victor, mes enfants, qui au bout du troisième livre ont compris que c'était un vrai travail, même quand je colle des bouts de papier journal avec de la pâte à base de farine, et me supportent chaque jour avec émerveillement.

À mon mari Nicolas, qui, lui, me demande quand le livre sera fini, parce que c'est long… Mais qui se soucie aussi de la lumière d'hiver, qui n'est pas favorable aux photos en lumière naturelle.

À ma maman, Catherine, et mon papa, Jean-Charles, pour m'avoir transmis cette fibre créative si précieuse.

À Anne Kalicky, mon éditrice, qui sans même lire les premières lignes ni voir les photos de mon premier livre *Tissages et Macramés* a décroché son téléphone pour me proposer un deuxième livre, *Almanach 100 % do it yourself*. Et qui, juste après ce deuxième projet fou, a accepté, cette fois à ma demande, l'écriture de ce troisième livre qui dépoussière les codes de la technique du papier mâché.

À CréaPassions, cette maison d'édition à taille humaine, dont je partage les valeurs créatives à 100 % et qui me donne cette chance inouïe de réaliser mes rêves. Et dont je suis si fière d'être devenue l'ambassadrice…

Crédits
Patrons, gabarits et autres dessins : Élise Maillet
Photos : Élise Maillet @esloversdeco

tesa

DANS LA MÊME COLLECTION

Direction d'ouvrage : Anne Kalicky – Comptoir éditorial
Lecture et corrections : Clémentine Sanchez
Graphisme de la collection : Xavier Crauffon
Couverture et mise en pages : Alexandrine Bauville

PUBLICATIONS

www.v-publications.net

ISBN : 978-2-8141-0650-5
Dépôt légal : mai 2022.
Imprimé en U.E.